ちくま文庫

私の箱子《シャンズ》

一青 妙

筑摩書房

私の箱子《シャンズ》

目次

私の箱子《シャンズ》

找到了一個箱子（箱を一つ見つけた）
那是日式的箱子（日本式の箱だけれども）
不是単純的箱子（ただの箱ではない）
是我記憶的箱子（それは私の記憶の箱）

みぞれまじりのボタ雪が降っていた。
二〇〇九年一月のある日。
この日が、「我的《ウォダ》家《ジャー》」（私の家）の命日となった。
三十年近く住んだ「我的家」は取り壊され、新しく生まれ変わろうとしている。
解体作業の粉塵が舞う光景は「灰雪」が舞っているようだった。冷たくない雪なら寒くないから、いつまでも立ち止まって見ていたい。そう思った。

玄関は、色が気に入らないと、私がある日ペンキを買って茶色から銀色に塗り替えた。ペンキは薄めてから塗るということを知らず、原液のまま塗ったら翌日、地割れのような模様になってしまった。

家を訪ねてきた人から、しばらく沈黙の後、

「……ずいぶんとモダンな玄関ですね」

と何度言われただろうか。

母がウォシュレットに替えたいと言い出し、悩みに悩んだ末にリフォームしたお手洗い。当時には珍しく洗面所と風呂とトイレを同じスペースにしたため、来客がトイレを使っているときにお風呂から出てきて鉢合わせになり、とてもバツが悪かった。

私が中学生のときに亡くなった父が、いつも、いつも眺めていた庭。

庭に並んでいた三つの大きな庭石が所在なげにゴロンところがっていた。

庭の向こう側に、父は何を見ていたのだろうか。

ちょっとカントリー風に憧れて、棚の扉をグリーンに塗ったら統一感がなくなって失敗した台所。でも結局は気に入った。モノトーンの家のアクセントになったから。

妹とケンカして追っかけっこになり、何度も上り下りした階段。階段の踊り場でピンク・レディーの物真似をよくしたっけな。ショベルカーで壊されて断面が見えてきた家

を眺め、いままで確かに自分がそこで生活してきたはずなのに、どこかもう自分の家でないような不思議な感覚に包まれていた。

解体されたのは、父と母と妹と四人で過ごした日本の家だ。

四人の共通の思い出がある唯一の場所。そんな家を壊して良いのか、かなり躊躇した。それでも思い出は必要なぶんだけ取っておき、前へ進もうと、家族の記憶がいっぱい詰まった一軒家を取り壊すことを決心した。

自分のものを含め、ずっと残っていて整理しきれなかった父と母の遺品まで、ばさっと取捨選択し、捨てなくてはならなかった。

一番多かったのは本。活字中毒だった父の書庫から出てきたのは五百冊以上。日本と台湾関連の本が中心だったが、文学作品や歴史小説、山の写真集などもあった。

父は山男だった。年代もののカンジキにピッケル、カメラも出てきた。

母の着物やカバン。アルバムに納まりきらなかった写真やネガ。掛け軸に母の刺繍。台湾から持って来たセイロや食器。幼稚園、小学校時代の私と妹の図画工作やおもちゃ。手紙、交換日記、トロフィー、賞状、壺、ひな人形、ダイヤル式の黒電話などなど。初めて見るものもあれば、それらのものを通して、はっきりと浮かび上がる家族の「思い出」とそのときの私の「気持ち」があった。

投影機を使って映し出された「もの」に「思い出」と「気持ち」の二つが重なり、映写機にかけられた「映像」のように私の心の中でカタカタと動き始める。

たとえば遠藤周作の『沈黙』という本のケース。

ハードカバーの青色のケースには中身の本がない。空っぽのケースが書庫の入り口すぐ横の本棚の真ん中の段の一番端に並べられていた。どんなことがあってもそこが定位置の『沈黙』。ケースの中には、緊急用の現金や貯金通帳、印鑑、鍵などが入っていた。家族の取り決めで、何かあったときに使えるよう、鍵のない金庫の役割を果たしていたのだ。

そこに現金があることを知っていた私は高校生のとき、こっそりと一万円くらい抜いてマンガや洋服を買った覚えがある。いま思えば絶対にバレていたのに、不思議ととがめられず、その後も何度か「盗み」を繰り返した。

ちょっとドキドキしながら、恐る恐るケースを引き出したときの自分を思い出しつつ『沈黙』を手に取った。もしかしたらお金が入っているかもと。期待は裏切られ、中は空っぽだったけれども、ほかのどの本よりも親しみを感じ、中身がないのに捨てる気になかなかなれなかった。

それから「兜」。我が家には男の兄弟がいないのに兜があった。台湾では日本よりも強く男子の誕生を期待する。父方の祖父は私が生まれる前に、男の子であれ、という願いを込めて、兜を買ってくれていた。

母の死後、兜は台湾のおばが保管してくれていて、五年前に私が日本に持ち帰った。何度も台湾と日本の間を行き来した末に結局、一度も飾られなかった。

私が女の子だったので祖父はがっかりしたそうだが、父にとっては初めての子供で、大いに喜んだ。兜ではダメだと言い、私が三歳になる年の三月二日、ひな祭りの前日に父は十二段飾りの「ひな人形」を突然買ってきた。押し入れの半分を占拠する立派なもので、

「こんな大きなひな人形、もったいない、飾るのが大変でしょ！」

と、毎年ひな祭りで飾るたびに母に怒られていた父の姿が忘れられない。

ひな壇は大人の背くらいの高さになり、お内裏様、お雛様、五人囃子など一つひとつが箱に入っていて、薄紙に丁寧に包装されていた。

毎年二月の中旬頃になると和室の真ん中に飾られたひな人形。親戚や友だちとその前で写っている写真がたくさんある。私はあまりお人形に興味を持たない女の子だったので、それほど愛着はなかったが、菱餅や橘の位置、官女の手に何を持たせるのかなど、母とああでもないこうでもないと迷いながら飾った思い出がよみがえってくる。

ひな人形はいつしか飾らなくなった。父が亡くなり、母も亡くなり、私も妹も成長していったからだろう。お内裏様の顔を見たのは何十年ぶりりで懐かしく、ちょっと別れが

たい気持ちになった。

父にはいつも相談もなくいきなり大きなものを買う癖があった。

ひな人形の次は「エレクトーン」だった。

「絶対に毎日練習するから買って！」

私が母に頼み続けたものだ。私の調子の良さと飽きっぽい性格を見抜いていた母には聞き入れてもらえなかったが、父に泣きながら頼んだら、翌日、家に届いた。

母に対して、「ざま～みろ！」と心の中で思いっきりアッカンベーをした自分がいた。

三十センチぐらいのミニチュアの木彫りの船を見つけた。乗客や雅楽隊、乗組員などが一体ずつ精巧に作られた置物だ。母が台湾で購入し、よほど気に入っていたのか、どこに引っ越しても常に家の一番良い場所に飾られていた。よく民芸店で見かける「鮭をくわえた熊」なんかもあった。


整理していると、一番心臓がドキドキしたのは「金庫」だった。

私が十一歳のときに、台湾から日本に生活の拠点を移すまでは、父の仕事の関係で「我的家」を長期にわたって留守にすることが多かった。そのため、家には七十センチ四方のズッシリ、ガッシリした金庫が置いてあった。

ダイヤル式の金庫は右へ三回廻して七、左に五回廻して四、右に二回廻して一……くるくると秘密の暗証番号表のとおり間違いなく廻していくと最後にカチャッと開くものだ。小さい頃は金庫を開けるのが楽しくて、いつも、

「やらせてくれないと死んじゃう〜」

とねだっていた時期がある。

この金庫も母が亡くなる前から、私には開けた記憶がない。ということは……。「書いた」と言っていたのに見つからなかった「母の遺書」が入っているかもしれない。いやいや、もしかしてもしかして、もっと凄いものが入っているかも。たとえば、一万円札で埋め尽くされていたり、頭ぐらいの大きさのダイヤモンドが入っていたら。もう年末ジャンボを買わなくて済む！

待て待て、もの凄い金額の借用証書や腐乱死体の一部が入っている可能性もある。あれこれ妄想を思いめぐらしながら、金庫の前に座った。

だが、開かない。

というか、暗証番号を書いた紙がどこにも見当たらない。

鍵屋さんに来てもらい、かなりの出費で金庫を開けた結果、中は空っぽだった。ヤッターマンのドクロベエが入っていて、開くと、

「おしおきだべぇ〜〜！」

と言われたほうがましだと、母をうらめしく思った。

空っぽの金庫をなぜずっと置いていたのかは謎だけれども、子供の私でもわかるくらい母は物持ちの良い人だった。

デパートの包装紙に袋、ラッピング用のリボンに包装紙、どこのものだかわからない大量の鍵。二十年前の洋服などなど。宝探しゲームのように次から次へと出てくるものと対面しながら、次から次へと捨てた。

兜もひな人形もエレクトーンも粗大ゴミとして回収されていった。

人生で一番潔くものを捨てたときだと思う。

東京都世田谷区の「我的家」は、私が六歳のときに妹が生まれ、それまで住んでいた自由が丘のマンションでは手狭になり、その近くに買った二階建ての庭付き一軒家だ。

この家をめぐっては父の武勇伝がある。

生活の拠点が台湾にあった父は日本在住のおじに物件選びを頼んだ。おじは候補を数軒に絞り、父が日本に来たときにじっくりと探して決めようと思っていた。ところが、車で家の外を通った父は、降りることもなく、最初に回ったこの家の外観を見ただけで決めてしまったという。

そんな決め方、普通の神経の持ち主ではとうていできないと思う。父は豪快だったのか、はたまたお金に無頓着だったのか。

もともとお酒と煙草、それに本があれば生きていけるタイプの父は、洋服や家には興味がなかったのだろう。中古物件だったこの家には以前お医者さん一家が住んでいた。ある大手住宅メーカーが建てた四角形の家で、セントラルヒーティングシステムや防犯装置もついていた。

生まれて初めての一軒家。

家の中に階段がある初めての家。

使わない部屋がいくつもあって、最初はとにかく広く感じた。

家に愛着はなかったであろう父も、不思議と庭に対してはこだわりがあった。

石材屋に頼み、庭石を三つ配置して大好きな梅の木を植えた。

白樺の木も三本植えた。

東京で育てるのは気候的に合わないと言われながら、植えた白樺の木。

いまのように温暖化が進んでいなかったせいなのか、父の亡くなるときまでは元気に育っていた。

一階の台所、リビング、父の部屋そして二階からはいつもその庭が眺められた。

父の部屋は畳の日本間。後ろにはその日本間と行き来できる母の部屋があり、押し入れは両方の部屋と繋がっていて、小さかった私には、忍者屋敷のようなからくり部屋に見えて面白く、用もないのにぐるぐると部屋の間を行き来した。

一階にはそのほかに書庫、トイレ、お風呂があった。

母はお風呂にこだわった。もともとユニットバスだった浴室をタイル張りに変え、深いステンレスの浴槽を入れた。家族四人一緒に入っても肩まで浸かることができるようにとの心配りだった。台湾の家のお風呂を改修するときにも、母があれこれ悩んでいた姿を覚えている。無地のタイルの中に一枚だけ花模様のタイルを配置するのに、どこにしようかと一生懸命デザインしていた。このお風呂へのこだわりは私にも受け継がれている。

階段を上ると、左右に私と妹の部屋があった。年上の私の部屋のほうが少しだけ広かった。部屋の外には共通のベランダ。ベランダには欄干がぐるっと四角い家を囲むようにあり、その欄干を越えると一階の屋根を歩けるような構造になっていた。よくそこを乗り越えてドタバタぐるぐると妹と追いかけっこした。

壊されてゆく家を眺めながら、母の思い出はたくさんあるのに、父の思い出が少ないことに気づいた。

父がこの家に腰を落ち着けて暮らした時間は一年あるかないかだった。

一九七六年にこの家を購入した後も、私たち家族の拠点は台湾にあり、私の学校の休みのときにしか日本に長期間滞在できなかった。台湾に行ってしまうと留守になるこの家には、母の姉であるおばがときどき来ては換気をしてくれていた。

リビングに置いてあるサイドボードの一番下の引き出しは重要なメモがしまってあった場所。

光熱費の書類に混ざって手書きで書かれた通帳の暗証番号や印鑑、鍵。それから『沈黙』の中に入っているものの覚え書きなど。

飛行機が落ちるなど万が一のことがあった場合、家族でない誰が見てもわかりやすいようにと。

この考えはいまの私にも影響していて、重要な書類はいざというときにすぐわかるようにきちんと整理しておく癖がある。

台所のそばの庭先には、母のこだわりで山椒やネギ、大葉、アロエが植えられていた。お味噌汁や煮物を作ったときに山椒の葉を、お刺身のときに大葉をよく摘みに行かされた。ネギや大葉はもうなくなったけれども、山椒の木はまだあった。

アロエの鉢は見る見るうちに一鉢から三、四、五、六鉢と増殖していき、トゲトゲを切ったアロエの葉をお風呂に入りながら母はよく顔に塗りたくっていた。なんでそんなヌルヌルしたものを顔につけるのか子供ながらに不思議に思い、じっとみつめていた。火傷をしたときにヌルヌルを塗られて、その効果に驚いたこともあった。

台所は台湾から持って来た電気釜やセイロ、食器で溢れていた。

この電気釜は「大同」というブランドで台湾の家庭に常備されている。日本の炊飯器はご飯やおかゆを作るだけだが、大同の電気釜は優れもので、スイッチ一つのシンプルな造りなのに、ご飯を炊くだけでなく、魚が蒸せ、スープも煮込めるマルチな魔法の電気釜なのである。母は大同の電気釜を使い、父の大好きな鶏スープや茶碗蒸し、蒸し魚をせっせと作っていた。

家の台所には勝手口があり、そこには父のお酒やお魚を運んで来る酒屋と魚屋さんのおじちゃん、それからクリーニング屋さんのお兄ちゃんが顔を出していた。勝手口を開き外に出ると、その横にはサントリーのダルマがケースに入って積まれていた。父はビールは飲まず、ウィスキーをいつも飲んでいた。酒屋さんにとって、お茶代わりにウィスキーを飲むほど酒好きの父は、きっと町内一のお得意さんだったに違いない。

私も妹も、ふだんの出入りには勝手口を使っていた。勝手口は直接台所に繋がっているので、帰ったら母にすぐに会えるからだった。

食卓用のテーブルは母がこだわって選んだ。木製の円形の机の上には、特注で造った中華料理屋さんにあるクルクルとまわるガラス台が載っていた。お客さんが多いときは真ん中を開いて板を挟むことができる。すると競技場のトラックのような形になって十二人ほどでテーブルを囲める大きさに変身する。お正月やお盆には母のきょうだいがここに集まった。母の手作りの中華料理とおばたちが持って来てくれた日本料理をつつきながら大人数で朝から夜遅くまで賑やかに食べ、お喋りを楽しんだ。

その輪の中でも、父は部屋の隅にいて、一人マイペースを崩さず無口にお酒を飲み、みんなの話に耳を傾けていた。

小学生だった私は、そのテーブルで遊ぶババ抜きが一番好きだった。大人数なので一人三、四枚くらいしか行き渡らず、なかなか揃わないし、小さかった私には特別ルールを作ってくれて、ババを引き当てないようにしてくれたから。私は負けず嫌いであったので、「絶対に負けないババ抜き」が大好きだった。


リビングには抹茶色をした一人用の大きなリクライニングソファが置いてあった。テレビが一番見やすい特等席。そこが父の定位置だった。父はその席に座って本を読むか、NHKのニュースや大相撲、教育テレビのラジオ体操を見ていた。

ニュースや相撲は別にして、父がラジオ体操を好んで見た理由は理解していなかった。

父の死後、ラジオ体操がテレビで流れていたときにふと母に聞いた。

「ねぇ、なんでパパはこの番組が好きだったのかなぁ？　別に一緒に体操していたわけじゃないよね？」

母がこっそりと教えてくれた。

「パパね、体操しているお姉さんを見るのが好きだったのよ。短パンから見える健康そうな太ももとか見るのがね。ムッツリスケベだったから。アハハ」

え、こんな番組で楽しんでいたんだ。「PLAYBOY」とかその手の雑誌を見れば良かったのに。でも、そんな番組を見て楽しんでいた父が可愛く思えた。

それから忘れられないのが、お風呂上がりの父。素っ裸のまま、リビングに置いてあるセントラルヒーティングの前に立って体を乾かしていた。体というか、正確には股間にある「おチンチン」を乾かしていた。私と妹はそんな父にまとわりついて、自分たちにはない不思議な物体を見ながら、一緒に髪の毛を乾かしてもらっていた。


妹とは六歳離れていたが、本当によく本気でケンカした。なんでも真似て一緒について来たがる妹をうるさく思った私は、二階の自分の部屋に駆け込んで鍵をかけてしまう。すると妹は外でどんどんとドアが壊れるくらい叩きながら、

「おね～ちゃん、開けて～」

と泣き叫んでいた。

そうかと思うと、突然仲良くなり、二人でリコーダーを吹いて「カエルの唄」をエンドレスで輪奏し始め、母に「不思議な姉妹ね」と笑われたりした。

男の子でもないのに、取っ組み合いのケンカもよくした。ときには勢いあまって、ハサミを投げつけたこともあった。顔とかにケガをさせなくて良かった。

古い荷物を整理していると、これまで時間をかけて過去をきちんと思い出す作業をしてこなかったせいか、時系列に関係なく、「思い出」「ものの記憶」「場所の記憶」「感情」などが、合致しないままグルグルと頭の中を廻り始めた。

そんなとき、母がまとめていた段ボールの中に赤い和紙が貼られている箱を見つけた。中国語で箱のことを「箱子《シャンズ》」と呼ぶ。

鎌倉彫でもないこの「箱子」は、なんという種類の箱かわからないが、台湾ではなく日本のもの。何度も家のどこかで見かけた記憶はあるけれども、一度も開けたことはなかった。母がいつも大切にしていたせいか、少し大げさかもしれないけれども、その箱は何か子供が見てはいけないような神聖なオーラをまとっていた。

父を追うように母が亡くなった後も、その箱はこの家に、ずっとそのままにしてあった。整理しなくてはと思いながら、なんとなく理由をつけてそのままにしてあった。

変わらないものが欲しかったのか、それとも変わりたくなかったのか。

でも、もうそろそろいいだろうと思って、思い切ってその箱を開けた。

開けた瞬間、台湾から届いた手紙のにおいがした。

ほこりっぽさに混じった懐しさ。

母から父への手紙、私から両親への手紙、父から私への手紙、妹から私への手紙、へその緒、幼稚園のときに書いた絵、幼稚園や小学校の図画工作、父のカメラ、誕生日カード、お年玉袋、旅行先のコイン。

遠い過去に一度は目にしたことはあったが、どれもこれも初めて手にとるもののように感じられ、中国語の「莫生《モーション》」（馴染みがない）という感覚がピッタリ当てはまった。

その雑多な箱の中から、ピンク色の「母子手帳」が見つかった。中に書かれている文字は、まぎれもなく、見覚えのある小さくて少し丸みのある母の筆跡だった。

母子健康手帳
東京都　渋谷区
■昭和四十五年三月二十四日交付
■母の氏名　顔　和枝
■子の名前　顔　妙

母子手帳は、四十年のときを越えて、はち切れそうになる私の思いと一緒に、どこかで再び開かれるこの瞬間を待ち続けていたように思えた。

パラパラパラパラとページをめくった。

昭和四十五年九月二十四日午後〇時八分　出生。
十月十五日　退院時体重二・七kgに減る。
後一カ月間発育かんばしくなくミルク飲量一日一回
四十～五十cc程度。

昭和四十六年十二月二十四日　あやすと笑う

昭和四十七年四月　環境が日、台、中の三ケ国の為、はっきりとした言葉は出ない。パパ、ママ、お手伝いのピーが言える。

昭和四十七年七月　おしめとれる。便おしえる。言葉　ママ、パパ、ツーハン等十語程度。

昭和四十七年九月二十四日　二歳、歯みがきを教える。

昭和五十二年九月六日　台湾台北　私立復興小学校入学

幼児期より病気一つなく、身体はやせていても、いたって元気。おねしょ、夜泣きで母親を困らせたこともなく、順調に育ってくれた。

家庭環境のせいか、年のわりに、大人の気持ちに敏感で、感性がするどくなってしまった。もう少し、子供らしく、大らかに育てたかった。これは両親の責任。妙ちゃん、ごめんね。

そう、思い返せば私は小さい頃から他人の顔色をうかがってばかりいる子供だった。なぜそうなったかわからない。でも、誰からも嫌われたくなく、争いごとを避けてきた。思っていることはいっぱいあるのに、言いたいことがたくさんあるのに、と思いながら、相手の気持ちを先読みして飲み込んでしまう。自分でも嫌になるが、いまでもそういう性格は変わっていない。そんな性格になった原点が、母子手帳の母の文章によって少し見えた気がした。

知りたかったこと、思い出したかったことが箱の中に入っていた。

私の心の奥底で封印されていた記憶の扉が解き放され、ドクドクドクとマグマのように感情が溢れ出てきた。

漢字にのった記憶が脈絡なく次々とテロップのように流れる。

ㄛㄌㄠㄟㄑㄆㄗㄈㄣㄊㄇㄋㄎㄕ
豆花、荔枝、便當、歐陽菲菲、忠
臭豆腐、西瓜頭、孝、肉鬆、蔣介石、小籠包
肉粽、功課、仁、睡午覺、台風、田鶏、鄧麗君
魚翅、長恨歌、芒果、愛、蓮霧、孫文、玉山

（台湾の注音符号、おやつに食べるヘルシーなお豆腐、夏のフルーツ「ライチ」、お弁当、「ラヴ・イズ・オーヴァー」で有名な歌手「オーヤン・フィーフィー」、学校のクラスの名前、すっごく臭いがきつい「揚げ豆腐」、でも味は天下一品！　中学生の女の子が義務づけられたおかっぱ頭、学校のクラスの名前、でんぶに似た甘い肉そぼろ、台湾の総統、台湾を代表する食べ物「ショウロンポウ」、五月に食べる「チマキ」、山ほど出される「宿題」、学校のクラスの名前、学校で一番嫌いだった「お昼寝」、「台風」の通り道にある台湾、鶏肉みたいな味で美味しい「カエル」、台湾を代表する歌手「テレサ・テン」、高級中華といえば「フカヒレ」、小学校で暗誦させられた唐詩、マンゴー、学校のクラスの名前、日本ではあまり見かけないけど優しい味のするフルーツ「ワックスアップル」、「国父」と呼ばれる政治家、富士山より高い台湾一の山）

眠りについていた台湾の記憶が、息を吹き返した。


父は台湾人。

母は日本人。

そんな両親の間で私は日本で生まれた。生後六カ月で台湾に渡り、およそ十二年間におよぶ台湾での生活が始まった。


母は、一九二八年生まれの父より十六歳も年下だった。

二人が恋に落ちて結婚を決意したいまから約四十年前、国際結婚は、虫歯が一本もない人と同じぐらい希少価値が高かった時代。

結婚すると聞いた母の両親やきょうだいはみんな「えらいこっちゃ！」と思い、

「赤い靴はいてた　女の子
異人さんにつれられて行っちゃった〜♪」

という歌が脳裏によぎったという。

人さらいなのでは？　人身売買？　戻って来られるのか？　騙されているのでは？

「台湾」という国自体が巨大な異人という感じで、母の親族は大いに戸惑い、いろいろな憶測が飛び交った。

母は姉たちに対し、父のことをとても素敵な男性だと手紙や口で伝えていたので、まるでおとぎ話に出て来るような「白馬に乗った王子さま」と言う想像が広がっていた。

しかし実際に会ってみると、サザエさんのお父さんの波平さんのようなハゲ頭で背が低いおじさんだった。みんな驚いたが、人さらいの「異人」のイメージはかき消され、親しみがわいたそうだ。

七人きょうだいの末っ子の母は、一九四四年に東京で生まれた。食糧事情は厳しく、母親の母乳も出なくてジャガイモの汁を飲んで育ったので、栄養不良のため、子供の頃はお腹がポコンと脹《ふく》れていたそうだ。

それでもきょうだいの中では、一番のお転婆で育った母。ガリガリに痩せていて、ゴボウのように真っ黒だった。学生時代の写真を見ると、母はいつも仲間の中心にいて、真っ白な歯を出して笑っている。母は姉たちがみな勉強ができたので成績のあまり良くない自分にコンプレックスを感じていたが、明るい人柄でいつも人気があったそうだ。

母が残した遺品の中には、お茶、お花、美容師、彫金などに関する品々と、母が取得したさまざまなお免状が残っていた。この多趣味なところは、器用貧乏を自認する私に脈々と受け継がれており、なんだかおかしくて笑ってしまう。

母は海外に憧れていたわけでもなく、たまたま好きになった男性が台湾人だった。しかも、その台湾人は名前を聞くまで外国人だとわからないほど日本人のように日本語を話すので、付き合っていても父が外国人だという意識はなかった。

そんな父と母との出会いは謎に包まれている。

親戚や友人たちも「知らない」と口を揃える。

ただ、母から父との出会いの場所は、

「銀座」

と聞いていた。

酒と煙草と本にしか興味がなかった父の住まいには多くの友人が集まって毎晩のように宴会になっていたが、あるときから突然、母がその輪に加わるようになり、気づくと二人はいつも一緒にいて、最後には結婚していたという。

父が銀座で飲み歩いていて、どこかのお店で働く母と知り合ったのかな。

あるいは、美容師の資格もあった母と銀座の美容院で知り合ったのかな。

それとも、銀ブラしていた母を父がナンパしたのかな。四十近いハゲたおじさんが、二十歳をすぎたばかりの女性に声をかけたとしたら、その行動力に乾杯したい。

仮説を立ててはみるが、本人たちがいないので結論はでない。

でも、正解がないからこそ、いろいろ空想できるから良しとしよう。

銀座で出会った台湾人と日本人。なんだかちょっと淫靡な感じで悪くない。

父は十二人きょうだいの長男。台湾人との結婚を両親から望まれたが、日本人の母を選んだ。母の親戚が驚いた理由とは違うが、父の一族も同じぐらい驚き、慌てたそうだ。それでも四十歳を超えて独身だった父が結婚するということで、祖父母は最終的に納得し、母との結婚を認めてくれた。私の手元にあるアルバムには、台湾からわざわざ日本にやって来て、帝国ホテルでの披露宴に参加した嬉しそうな祖父の写真がある。

「箱子」には私の誕生前からの、両親が互いに送った手紙も入っていた。破れないよう丁寧にカサッと一通ずつ開いてみる。

一九七〇年二月十六日

実のところを言いますと、小生、帰日後、若しかづ枝がよければ、正式に結婚したいと思っていました。

最初は帰日してからかづ枝のご両親に諒解を得る予定でした。若し、諒解を得られた時は、かづ枝には出来るだけ早く台湾にきて貰い、結婚式を挙げたいと思っています。

右の点、ご研究の上、ご返事下さい。

但し、かづ枝が結婚してくれるならば、の話です。

母の名前は一青《ひとと》かづ枝。ここでは正しく「かづ枝」と書いてあるが、ほかの手紙では「和枝」や「かず枝」となったりしている。以下、引用は原文のままとする。

両親の手紙はどれもトリコロールの縁取りの封筒とオニオンスキンペーパーの便箋を使っていた。

父の文字は青のインクの万年筆で少し右下がりの角張った字。母の文字は青のボールペンでやや丸みを帯びた字。

父の結婚の申し込みに対し、母は便箋四枚にわたって不安を書き綴っていた。

一九七〇年二月二十日

正直もうしまして、私はあなたと結婚できる喜びより不安と恐れの方が多うございます。私対あなたとの事は心配しておりませんが、受け入れ側である顔家の方々のご意向がわかりませんので不安でならないのです。

私は、地位も財産もないつましい家庭に育った者です。どんなに背のびをし、見栄を張っても限度があることです。

私は、自分の身一つで嫁入りすることしか出来ません。そういう私が、顔家に受け入れられるのか。私が顔家に解け合うことが出来るのか、が、目下の悩みです。

父の名前は顔恵民《イエンフェイミン》。実家は台湾五大財閥の一つで、有名な鉱山王である顔家だった。父は家業である会社を継ぐべく、台湾を拠点に祖父と二人三脚で仕事をしていた。

(月日不詳)

かづ枝様

お手紙入手しました。

さぞいらいらしているだろうと、心にかけながらも、会社の用事に追はれて、ゆっくりと落ち着いてお返事を書く暇がありませんでした。

かづ枝が心配している嫁入り道具はどうでもよいことであるし、又、顔家については、恐らく問題がないと思います。

結婚したいとの思い、ますますその決意を固くしました。

恵民

(月日不詳)

恵民さま

お手紙入手いたしました。

かづ枝

恵民さんのお気持ちがうれしくて、何度も何度も読み返しました。あなたありがとう。

結婚について、恵民さんとの結婚、お引き受けしたく思ひます。

三月一日

本日、待ちに待ったお手紙拝見しました。

結婚について、承諾していただいて有り難う。兎に角、一日も早く、台湾に来て下さい。

一九七〇年二、三月の消印が押されている封筒がたくさんあり、父と母が結婚するに至るまでの経緯が詳細に書き記されていた。

いまなら電話、ファックス、メールと瞬時に気持ちのやり取りができるが、当時は一通の手紙が届くまでの間、どれくらいお互い不安でいたのだろうか。期待と不安で眠れない夜があったに違いない。そんな思いを乗り越えて、二人は結婚したのだ。

仕事の関係で父は台湾にいることがほとんどだった。その間、私と母はときどき日本に戻っていて、家族と会えない父が私と母、そして後に生まれる妹宛に手紙を送り、私たち母子も日本から台湾にいる父に手紙を送った。

いく束にもまとめられた、たくさんの航空書簡を手に取って一気に読んだ。一通また一通と読み進めると、父のマメさ、私たち家族への愛情が、ほんのりと伝わってきた。

一九七五年十月二十日
たえちゃん、おてがみありがとう。
……かいしゃのおしごとをはやくすませてまた、とうきょうにいきます。そしてこんどはみんなでたいわんにかえりませう。……たえちゃんえ　さようなら　パパより

すべて平仮名で、一部旧仮名遣いの文章。昭和一桁生まれの父は、台湾人でありながら、小学校から大学まで日本で教育を受けた。中国語より日本語のほうが達者だった。「かえりませう」なんて、まるで古文のようで思わずプッと笑ってしまうが、父の直筆であり、私にとって大切な宝物となった。

一九七六年九月二十日、東京の自由が丘の家で六歳年下の妹が生まれた。

妹が飛行機に乗られるようになるまで、母子三人は日本で生活をしていた。

妹が生まれてから、父は手紙に必ず妹の写真がほしいと書くようになり、いつも気に

していた様子が書かれていた。

一九七六年十月二十四日

……ようちゃんはミルクをいっぱいのんでいますか。ないたときはだっこしてあげてください。

ようちゃんのしゃしんをとってたいわんにおくってください。このまえもってかえったのはアマにあげたので、パパはもっていません。おくってもらったら、たえちゃんのしゃしんがはいっているがくにいっしょにいれます。……

一九七六年十月三十日

……ようちゃんがひこうきにのってもよいときにパパはむかえにいきます。

じゅういちがつはちにちごろにとうきょうにいくつもりです。たいわんはまだあついのでパパはなつのパジャマをきてねます。……

年月不詳、二十四日

えがとてもじょうずにかけています。これからもたくさんえをかいてきてください。パパもおしごとをはやくすませて、とうきょうにいきます。そしてたえちゃんといっしょにこわいテレビをみたいとおもっています。

……アコンもアマもげんきでおります。あさとよるがさむくなってきたでせう。かぜをひかないようにきをつけてください。……

これはパパからたえちゃんへさんかいめのてがみです。ひにちと時間は二十四日ごご一じはんです。

さっきピチンにだしてもらったのはにかいめ、ひにちとじかんは二十四日あさ十一じはんです。

パパより

アコン、アマは台湾語でおじいちゃん、おばあちゃんのこと。ピチンは当時台湾の家にて住み込みでお願いしていたお手伝いさんの名前である。

私はホラー映画、特にスプラッター系で人体の中身が見えるようなものが好きだ。自分の体でありながら決して覗き込むことができない世界にひかれる。いつから好きになったのか憶えていなかったが、この手紙を読み、まだ五、六歳なのに「こわいテレビ」に興味があったことに驚いた。

私のほうから、日に何度も手紙を書くこともあった。

一九七七年五月二十四日

たえちゃん

にかいめのおてがみありがとう。てがみをだしてかえってきたときにたえちゃんからにかいめのおてがみがポストについていました。どうもありがとう。えがとてもじょうずにかけています。

私から父への手紙は同じ一枚の簡易書簡を母と一緒に使って出すことが多く、小学生くらいまでは最後に必ず花嫁さんのようなドレスにクリクリパーマの長い髪の毛、パッチリお目々のお姫様の絵を描いていた。

一九七八年八月二十八日

たえちゃんからパパへたえちゃんがこのあいだだしたおてがみついたついたらよんでね。パパもおてがみおかいてねちょっとでいいから。~でわさよふならみなさまによろしくさよふなら。

どこで切って読んで良いのかわからない暗号文のよう。こんな文章を父は一生懸命解読してくれていたと思うと感謝の気持ちで一杯になる。

私たち家族はパスポートのページが入出国印で一年以内に埋まってしまうほど、頻繁に台湾と日本を行き来していた。我が家には布製の四角い巨大なトランクが三つあった。小さかった私が体を折れば楽々と入ることができる大きなトランク。その中に入り、

「妙ちゃん見つからないように、おとなしくこの中に入っているから、そのまま一緒に台湾に連れて行って〜」

と台湾に戻ろうとする父を困らせていた。

日本から台湾に向かうときは、母が銀座の松屋や上野のアメ横、築地、自由が丘の山本山などに出掛けて買ってきたお土産を詰めていくのが慣例になっていた。松屋ではおばにあげるブローチやスカーフ、アメ横では大量の荒巻鮭や数の子、どんこ椎茸。上野の多慶屋で日本製のオモチャやお菓子を買った。築地では鰹節、昆布のような乾物。山本山では焼き海苔と味付け海苔を購入していた。

これらを詰め込むと、三つの大きなトランクはたちまち満員御礼状態になった。

台湾から出発するときは、母は台湾の有名お茶ブランド「天仁茗茶《ティエンレンミンチャー》」に行って、大量の烏龍茶や茉莉花茶の茶葉を注文した。台北市内の東門市場では皮蛋（ピータン）、鹹蛋（塩漬け卵）を買い込み、乾物で有名な迪化街に出かけ、料理好きなおばたちに干しえびや貝柱を買った。酒飲みのおじたちには「伍中行《ウーツォンハン》」の烏魚子（カラスミ）。「新《シン》

東陽《トンヤン》」の牛肉乾（ビーフジャーキー）や肉鬆（肉でんぶ）も定番のお土産であり、五月の端午の節句前後に日本に戻るときは、トランク半分がチマキだったときもあった。

日本に入国するとき、いつも空港の検疫所に立ち寄っていたけれども、あまりの量に驚いた検疫所のおじちゃんが一番上のチマキを手に取り、「おいしそうですね」と言って通してくれていたのを覚えている。

いまなら台湾で日本の食材を見かけるし、日本でも中華食材が充実している。だが、当時はお互いの国の食べ物が珍しく、台湾にとっては日本製の洋服や装飾品がぜいたく品だったため、頼まれものも多く、いつも旅商人のように荷物で一杯になったトランクをゴロゴロと引きながら行き来していた。現地に着くと、ギュウギュウに詰まっていたトランクがたちまち空になってしまうから子供心に不思議に思った。

十一歳のときに日本の小学校に転入すると、私がきちんと勉強をしているかどうか父はいつも心配してくれていた。その様子も手紙に残っている。

一九八二年二月十八日

妙ちゃん

御手紙どうも有難う。

チョコレートはありがたいけれども、パパはあまいのはあまり、欲しくないので、御好意だけ感謝します。

それよりも、女子学習院に入る前に、小学校の三、四年生の基礎の勉強を習っておいて下さい。

これはパパからたった一つ、妙ちゃんにお願ひしたいことです。

かぜをひかないよう、気をつけるよう。

一九八二年九月十五日

九月二十四日で妙ちゃんは満十二歳になります。ほんとうは船、電車、飛行機にのるときは「おとな」の料金をはらはなくてはなりません。しかし、ほんとうの「おとな」社会人になるには、学校でいへば、中学、高校、大学を卒業してからということになります。妙ちゃんにとってはさしあたり、来年の中学入学が目標になります。妙ちゃんは昨年十一月台湾から日本の学校に移ったばかりですから、前にもいったように、三年、四年の基礎勉強が大事です。しっかり、ならっておいた方がよいと思ひます。来年の入学試験まであと五カ月足らず、せいぜい頑張って下さい。

若し、妙ちゃんの希望する中学に入学できたら、来年の誕生日をまたなくとも、パパから入学祝ひにカラーテレビをプレゼントしませう。プレゼントできる日を楽しみにしております。

一九八三年一月七日

……妙ちゃんの実力を信じて安心していますが、日本語の他に中国語の作文テストがあります。呂老師と瑞遠の媽媽にお願ひして参考書を買ってもらいました。明日、日本に帰るアブちゃんのパパにあずけました。よく讀んで、どのような「題」が出されても、落ちついて作文を書いて下さい。パパは十五日に帰ります。

呂老師は私の小学校の家庭教師の呂先生、瑞遠はいとこの名前。媽媽は「お母さん」という意味だ。

父は私に自分の母校に入学してほしかったらしい。

合格発表のとき、父は待ちきれず一人で先に合否の確認に出掛けていた。ふだん喜怒哀楽をほとんど表に出さない父が満面の笑みを浮かべ、学校の正門でピースサインを出して私と母を待っていてくれた光景はいまでも覚えている。

そしてこんなにも毎回勉強するようにと手紙で心配してくれていたのをよそに、私は日本での生活がすっかり気に入ってしまい、毎日学校の友だちと遊んだり、テレビを見たりと、自分の世界を持ち始めたためか、父へ手紙を書くことより、自分のことに夢中になった。

中学に入ると、新しい仲間ができ、部活、委員会と忙しくなり、小学校のときより父に手紙を書く回数がぐっと減った。

一九八三年月日不詳

言っておきたいのは、わかりきったことだけど、勉強すること、そしてパパにもっと手紙を書くこと、ということになってしまう。

父の日に何かプレゼントしようと思ったんだ！ だけど、思っただけでなく、パパが帰ったら、プレゼントして欲しいな!!

父を嫌いになったわけではないが、干渉してほしくない気持ちがどこかに芽生え始めていた。私に目立った反抗期があったとは聞いてないが、思い返してみると、この時期がそうだったのかもしれない。

一九八三年二月十五日

妙ちゃん

妙ちゃんと窈ちゃんの卒園式、卒業式、又入学式にパパはできるだけ参加したいと思ってゐますから、予定表をかいて、送ってくれるよう、お願ひします。

台湾にいて日本になかなか戻れない父は、子供たちの行事にはなんとか都合を合わせてくれようと苦労していた。

ある日、中学の国語の授業で、自分の名前の意味を作文にする宿題を出された。母に聞いたら「妙」という名前は父の発案だということで、台湾の父宛てに手紙を出した。

一九八三年四月三十日

妙ちゃん

元気で毎日学校に行っていますか。

媽媽は昨日の夜、ぶじ、台湾につきました。

爸爸より

……

妙ちゃんの名前のいわれは大体左の通りです。

「妙」の字は中国の「老子」という本の第二十七章「善行無轍迹」から始まる文章の最後の「是謂要妙」の要妙から妙の一字をとったものです。

要妙とは、老子のいう奥深い真理、無為自然の「道」のことをいいますが、同じ「老子」の第一章に、道可道非常道。名可名非常名。無名天地之始。有名萬物之母。故常無欲以観其妙。常有欲以観其徼。此両者。同出而異名。同謂之玄。玄之又玄、衆妙之門。(全文)とあります。

……

なほ、窈ちゃんの名前も要妙からとったものです。むかしは窈眇の二字を使っていました。妙と眇は同じ意味です。

……

妙ちゃんに大変むづかしいことと思いますが、ほんとうのものをみきわめてほしいという願いをこめて「妙」と名前をつけました。わかってもらえたでせうか。

……

では、又　　　　　　　　　　　　　　　　　さようなら

父は、命名の理由を三ページにもわたって手紙に書いてくれた。内容が難しすぎて中学生の私にはよく理解できず、「ほんとうのものをみきわめてほしい」という部分だけを引用して作文を書いた。実は私は「妙」をあまり気に入っていなかった。なんだか古臭く、今風な名前ではないと思った。人に書き方を尋ねられれば、「奇妙の妙」や「女

が少ないと書きます」、「南無妙法蓮華経の妙」など、少しおちゃらけた説明をしてきた。この手紙を読んで「妙」は妹の名前と深い関連があり、父の思いが込められた名前だったことを知り、少し好きになった。

一九八三年七月四日

……運動会のリレーの選手に選ばれたとはスゴイ!!　パパは中二のとき、百メートル十二秒三、中三は十二秒〇だった。ただ、五十メートル七・七秒、七十メートル七・八八秒とあるのは少しおかしいような気がする。これでは百メートルを走ったら、男子の世界記録を破ることになってしまう。妙ちゃんの書き間違いかな。

一九八三年九月一日

……ながい夏休みが続いたので、遊びボケの後のせいぜい頑張るように。それに日本はこれから涼しくなるし、俗に天高く、馬肥ゆるの候ということですし、又、秋は灯火親しむの候ともいって讀書三昧の時ともいいます。ウォークマンを耳につけるだけにしないで、西武の応援だけにもしないように。

父との共通の趣味が野球観戦になった頃の手紙だ。父は巨人、私は西武ライオンズを応援した。一緒に球場へ応援に行ったりもした。私は、私と同じ九月二十四日生まれの田淵幸一の大ファンで、父は田淵が活躍すると、日本から届けられる日本の新聞記事を切り取り、わざわざ台湾からの手紙に同封してくれていた。

一九八三年九月七日
　妙ちゃん
　犬のびんせん、みあたりません。
　地震がおきたら、しょうがないから、すこしだけのお金と住所と血液型がわかるようにからだに（バッグ）でもつけて安全なところにひなんするより他はありません。

一九八三年九月三十日
　妙ちゃん
　……地震はとうとうおきなかったですね。
　九月十日から地震！　と書いてもありました。
　これも思ひだしたので、確か妙ちゃんはもう死んでいる筈なのに、まだ生きているとは!?　と、まあこれは冗談ですが、地震はおきない方がのぞましいので、これはよかった!!　というべきでせう。

確か誰か有名な人が、この年の九月十日に富士山が大爆発し、大地震がくるという予言をしていたのが学校で話題になり、私は真剣に心配して父にそのことを書いていた。そんなことにも真面目に答えてくれていた父は偉大かも。

大人ぶって、やや父と距離をとりたいと思い始めていた思春期の私。それでも子供は子供で、私と父との手紙のやり取りには、キキララやキティちゃん、ゴロ・ピカ・ドンなどのキャラクターの絵がついた便箋と封筒を父に渡して、これに書いてほしいとお願いしていた。

父は「こんなのに書かないとだめなのか？」とちょっと困惑しながら、台湾の自室の机の引き出しに大量のキャラクター便箋と封筒を入れてくれていた。

昭和一桁生まれの父が書く手紙を読み返すと、子煩悩だけど、どうやって娘に接して良いのかわからないで戸惑う父の姿が見えてきた。

「箱子」には、家族の思い出の固まりが入っていた。

それが、父、母からの直筆の手紙と母子手帳によって血が通い出し、まるで細胞が増殖するように一気に動き始めた。便箋のにおいと文字を通して父と母と触れ合えた気持ちになれたからだろうか。

箱の中には整理しきれなかった白黒の父の写真から、カラーの私と妹、母の写真までが混在していた。

パラパラとめくっていくと、どの写真も台湾へと繋がっている。

信、大根餅、圓山飯店、酸辣湯、鍋貼
豬血湯、義、豬脚、故宮博物院
三民主義、和、麵線、阿里山、台北、司機
平、紹興酒、日月潭、台北火車站
（学校のクラスの名前、大好きな母の手作り台湾料理と言えばこれ、台湾の有名なホテル、最近日本でも人気の中華料理のスープ、焼き餃子、豚の血を固めたスープ、学校のクラスの名前、母の得意料理で妹の大好物の豚足、有名な台北の博物館、小学校で叩き込まれた孫文の基本理念、学校のクラスの名前、日本のソーメンのような優しい味のメン、観光地として有名な台湾の山、台湾の首都、車の運転手、学校のクラスの名前、宴会に欠かせない台湾のお酒、高級リゾート地、台北駅）

私の頭の中から溢れ出た台湾の記憶と写真が重なっていく。

旅に出よう。
台湾と私を繋ぐ何かを探しに。

帯著風景的回憶（思い出の景色を胸に）
尋找家族的風景（家族の景色を探しに）
抱著記憶的箱子（記憶の箱を抱いて）
尋找真正的記憶（本物の記憶を探しに）

台湾の〝野猫《イエマオ》〟

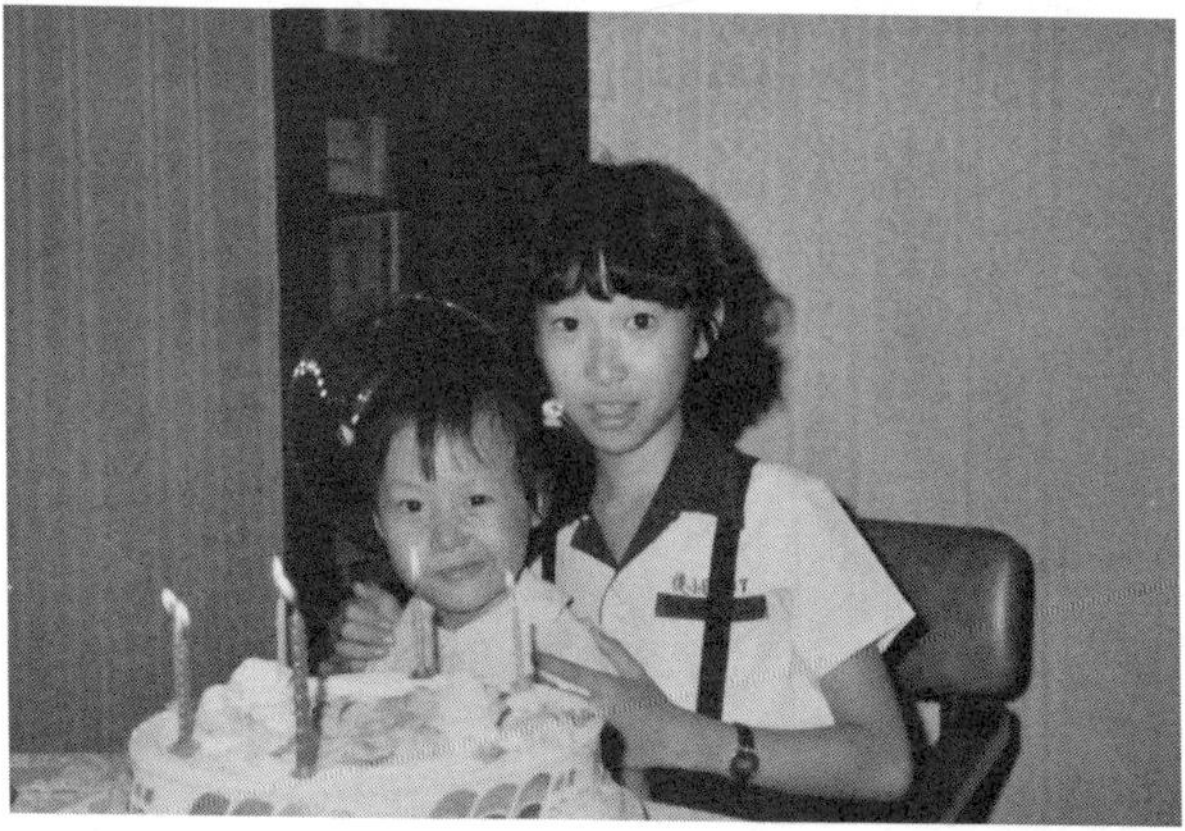

我要去日本（日本に行く）
我要回台湾（台湾に戻る）
我属於哪裡（私はどちらに属しているのだろうか）
天也不知道（神様も知らない）

一九七〇年、父は実家が経営する会社で将来の社長候補として働くため、台湾で新婚生活を始めた。

妊娠していた母は、台湾で初めての出産を迎えるのはさすがに不安になり、私を日本で産むことにした。

日本の家は両親が出会った渋谷区松濤の借家。だから私は松濤の病院で生まれ、生後半年で台湾に渡った。父と一緒に台湾で生きていくという母の強い覚悟があったのか、成長した私は日本人学校には入れられず、現地の幼稚園に通わされた。

父の実家は台北市内にあり、周囲から見てもひと際大きくて目立つ建物だった。家の外には広い日本庭園と池があり、池には何匹もの錦鯉が優雅に泳いでいた。

祖父と祖母、そしてお嫁にいってない三人の父の妹が住んでいるうえ、住み込みのお手伝いさん、庭師、運転手さんがいて、会社の人も年中出入りする賑やかな家だった。

その家から五軒ほど行った先に、私たち家族が住むマンションがあった。

「台湾省台北市新生南路一段」。これが両親と私の住所になった。

パタパタパタパタと階段を駆け上がる音が聞こえる。

裸足で大理石の上を歩くような、ひんやりとした空気。

お化け屋敷のような、じめっとした暗さ。

台湾の建物の多くはコンクリート造りのせいか、中に入ると冷やっとして、カビ臭いにおいがしてくる。

五階建てのマンションにはエレベーターがなく、マンションの入り口の鍵を開けて二階の我が家の玄関まで一気に駆け上がる。

「誰ともすれ違わずにたどり着けたらラッキー!」

そんな風に心の中で決めた遊びをしながら、台湾での毎日を過ごしていた。

4SLDKの家には、父の部屋と母の部屋、リビングにダイニング。そして、妹が生まれた後は姉妹一緒に二段ベッドで寝た子供部屋。ほかにも畳の大きな和室と、お手伝いさんが住む小部屋があった。和室は日本のビデオを見たり、お客さんが泊まったりする特別な部屋だった。

父の部屋にはとても立派な社長机と椅子、大きなベッドが一つ置いてあった。

父は大のクーラー好き。一年三百六十五日つけっ放しで、父の部屋だけがまるで冷凍庫のようにキンキンに冷やされ、真夏はそこに潜り込むのが大好きだった。奥行きが深くて、壁一面に広がるクローゼットを開くと、子供の私の目にはどれも同じように見えるスーツとネクタイが整然と並んでいて、下の段にはなぜかお酒の瓶が数えきれないほど入っていた。クローゼットの奥は鬼ごっこで私がいつも隠れていた場所。お酒の瓶が私を隠してくれていた。

母の部屋には家族四人で一緒に横になれる大きなベッドが二つ。あまりにも堂々としたサイズで、「ベッドの部屋」という印象しかない。父と母の部屋を繋ぐようにお風呂とトイレの部屋があり、両方を行き来できる不思議な造りの家だった。

ダイニングにはテレビと中華テーブルと四つの椅子。

肘掛け付きの父の椅子だけちょっとほかの椅子よりも幅広に出来ていた。

それは父の特等席だからで、いつも甚平を着てあぐらをかき、片手に煙草かお酒を持って座っていた。

ダイニングに続くキッチンには、必ず母かお手伝いさんがいて、良い香りのするご飯を炊いていた。いまで言う「香り米」だったんだろうな。お酒が大好きな父に、母は最低でも五品以上つまみを作っていた。「ほうれん草のおひたし」「蒸し魚」「塩辛」「蒸し鶏」「ピータン豆腐」等々。食卓には子供用のおかずは並ばず、父の好きなものを一緒に食べてきたから、大人になった私はお酒を飲めないのに、酒の肴とパンを合わせて食べられるようになってしまった。

母が作ってくれた料理は全部好きだったが、子供の舌では味がわからない一品があった。それはお湯を張った土鍋にお豆腐だけを浮かべた「湯豆腐」。よほど酒の肴になるのか、季節を問わず、週に一回は食卓に現われ、美味しそうに食べる父を不思議な気持ちで眺めていた。

リビングには私が習っていたピアノが置いてあり、母が精魂込めて刺繍したカバーがかけられていた。カバーは、七つの色違いのキノコに、赤・黄・紫・緑など虹の色と同じ天使が座っている模様で、とてもかわいらしく、いまでもその図柄は思い出せる。

三歳になると、キリスト教会に併設された幼稚園「衛理幼稚園」に入園した。「衛理」は中国語では「ウエイリー」と発音する。日本と同じように幼稚園のバスが家の近くまで迎えに来てくれて、毎日お昼過ぎまでそこにいた。

当時の台北には、大手企業から赴任した日本人家族も少なくなかった。私の住む一帯には日本人家族が多く、近所の日本人の子供と私や妹は仲良く遊んでいた。

我が家には、日本人や台湾人の友だちがよく遊びにきていた。みんなのお目当てはリビングの横に続くベランダの小さなブランコと、その隣にあったおもちゃ箱だ。リカちゃん人形にキキララ、お医者さんごっこセット、プラモデル、ドンジャラ、プラレール、海賊に短剣を刺して遊ぶ「黒ひげ危機一発」など、日本からの玩具が箱一杯に詰まっていた。

「小さい頃こんなことをした」「小さいときこんなことがあった」と話せる人がいるが、私には信じられない。故意に忘却してきたのか、単純に記憶力が悪いのか、自分の中では子供時代についてほとんどはっきりした記憶がない。

どうやら、自分にとって都合の悪い記憶はフィルターを通して「忘却」というフォルダに入れる変な癖が私にはあるようだ。

人格が形成される一番重要な幼少期を台湾で過ごした私。でもそのときの記憶はほとんどない。ということはあまり良い思い出がなかったからなのか。

父親が台湾人で、母親が日本人。台湾人でもなく、日本人でもない。台湾人であって、日本人でもある。

なんとなくほかの人と自分が違うのではないかと感じ取っていた。

私は、言葉を話せるようになるのがかなり遅いほうだった。

当時の台湾では主に台湾語が話されていたが、公用語は中国語（北京語）だった。

私は台湾語、中国語、日本語の三つの言語環境の中にいたことになる。

それらの言葉を頭の中で交通整理することに少し時間がかかったのか、きちんと話し始めたのは三歳になってから。母は心配し、病院に連れて行くべきか考え込んだらしい。

私の母子手帳には、

「言葉を喋り始めるのが普通の子より大分遅く、母親としてとても心配した」

と記されている。

それでも話し始めたら、とたんにスラスラと三カ国語を使い分けるようになっていた。

家の中や日本語の通じる親戚とは日本語で。

父の会社の職員とは中国語で。

買い物する市場では台湾語で。

相手次第で言葉を使い分け、接し方を変えられるバランス感覚に優れた子供になった。

耳障りな大人の会話はラジオのノイズのように、聞いていない、聞こえていないという「無」のフォルダへ。敵になり得るような人は「回避」のフォルダ。そうでない人は

「無害」のフォルダへと振り分けを本能的におこなって、自分をさらけ出すことが損だと感じる場面では、自分の思いは封印し、ときには言っていることが理解できていないようにふるまい、周囲を観察し、慎重に行動していた。

そんな幼少期だから、記憶はあったとしても、いろいろなフォルダがあって、頑張って検索しないと出てこない奥深い場所に隠れているのだと思う。

お子様ランチは絶対に嫌だと言って大人と同じものしか食べなかった私。

欲しいものはと聞かれて、モンチッチと答える私。

大人っぽくふるまったり、子供らしくふるまったり。スイッチのオンオフがしきりに変わっていた。器用にしているように見えて、心とのバランスが保てない部分もあったようだ。

母子手帳には、「幼児期より病気一つなく、身体はやせていても、いたって元気。おねしょ、夜泣きで母親を困らせたこともなく、順調に育ってくれた」と書かれているほど、元気な子だったが、年に一度は必ず、原因不明の高熱を出していた。

高熱を出した記憶は「デスクトップ」にあって、すぐに鮮明に思い出せる。

父が日本での仕事が多くなり、母も父について日本に行くようになると、私だけが台湾に残された。

風邪でもないのに突然、高熱を発し、お手伝いさんに寝かしつけてもらい、うとうとしていると急激なめまいがやってくる。半分夢の中で、天井がぐるぐると回り、動き始め、どんどん下がってきて私を押し潰しにくる。あるときには、お布団が数百キロの化け物になって身動きできないよう小さな私の体にのしかかってきた。

息ができなくなる。苦しくて、もがき続けた。

天井とお布団の化け物が現れないときは、頭の中で延々と終わりのないトンネルを一人でとぼとぼ歩いていたり、無数の虫に覆われたりする夢を見続けた。二、三日するとその熱は決まって嘘のように下がった。まるで何事もなかったかのように。

お手伝いさんや親戚に面倒は見てもらっていたが、両親がいない生活にストレスや寂しさを感じたのだろうか、そういうときに限って麻疹や水疱瘡にもかかった。小学校の高学年になると、不思議な高熱は出なくなった。大人になったいまでも、あのときの布団の重さ、圧迫感を思い出すことがある。私が一番怖いことは、「息ができなくなること」。これは、当時のトラウマというほど、大げさなものではないが、高熱が残した心の後遺症かもしれない。

小学校の名前は「復興小学」。高校までの一貫教育で知られる有名な私立学校だった。なぜこの学校を両親が選んだのかわからないが、父のすぐ下の弟の娘がもう一つの名門校「再興小学」に入学していたので、親同士のちょっとした競争心もあったのかもしれない。

台湾の小学校は日本の小学校とあまりにも違うので、語り出すと終わらなくなる。

当時の台湾は国民党の一党独裁。学校では、国民党の創設者であり、国父と呼ばれる孫文の唱えた三民主義を徹底して教え込まれ、勉強は詰め込みのスパルタ教育だった。

三民主義とは孫文が発表した中国革命の基本理論であり、民族主義、民権主義、民生主義のことを指す。

クラスの名前も孫文が唱えた「忠孝」「仁愛」「信義」「和平」から付けられていた。

一年生のとき、私は「義」班（「義」クラス）。朝八時半から夕方五時までの一日八時間授業。朝の補習もあるので、朝七時に登校し、毎日計算百問や書き取りをやっていた。

補習が終わった後は朝礼で国歌斉唱と国旗掲揚。その後怒濤のような授業のスケジュールをこなしていく。体育の授業は一週間に二回くらいしかなく、ここの小学生のほとんどは青白い顔をしている「もやしっ子」のような様子だった。

恐ろしいのは、授業のほかに毎日大量の「功課」（宿題）が出されること。小学校一年生なのに、眠ることができるのが夜十時すぎというハードスケジュールだった。「背書」（暗誦）する宿題も多く、間違えたり忘れたりすると先生から竹で作られた細い鞭で手のひらを容赦なく、

「ピシャッ」

と叩かれた。これが痛くて、ミミズ腫れの跡が残った。みんなこの体罰を受けたくないから、死ぬ気で宿題を覚えてきた。

恐ろしいといえば、もう一つ。昼寝を挙げなければならない。

昼食後、強制的に一時間お昼寝の時間が用意されていた。

いまならば喜んで眠れるが、落ち着きのない小学生が、クーラーのない亜熱帯の台湾で無理矢理すぐに寝ることができるだろうか。教室の机につっぷして寝るのだが、ちょっとでも身動きすると見回りの先生から例の竹の鞭で背中を打たれる。何回か動くとお尻を出して打たれることになる。

同級生たちが打たれる音を聞きながら「なんでこんなに苦しい思いをしなければならないのかな」と考えていたが、いつもいつのまにか眠りに落ちていた。どこでもすぐに寝られる体質になったのはこの体験のおかげ。台湾の教育制度にも少しは感謝せねば。

一クラスに六十人ほどいた生徒には期末ごとに成績表が配られた。

配られる順番は成績がビリの生徒から。後に呼ばれるほど頭が良いことになるから、なるべく後に呼ばれることを願った。

全八クラス計五百人近い同級生の中でトップの生徒は、校門近くの掲示板に名前とクラス、顔写真が貼られることになる。

こんな私でも、台湾に五年生までいた間、一度だけ顔写真が貼られたことがある。そうなると校内の超有名人。とっても嬉しかったのを覚えている。

成績の上下、順番をつけるのは良くないという風潮の日本教育は、ゆとりがあって良いと思う半面、こういうわかりやすいご褒美や順位づけがあったほうが子供も頑張れるのではないかとも思う。

台湾の小学校では入学すると日本の平仮名にあたる注音符号を覚える。「ㄅㄆㄇㄈ」と続く三十七音からなる単体の表音記号で、その後、漢字の読み方によって「ㄨㄚ」や「ㄅㄧせ」のような組み合わせで漢字を読むための表記を学ぶ。日本人にとってはアラビア文字や暗号のように見えるかもしれない。ハングルにもちょっと似ている。

台湾の学校では、徹底的に暗誦することを学んだ。意味はわからなくてもとにかく覚える。漢詩、九九、歴史と、ありとあらゆるものを覚えさせられた。

当時夏休みの宿題として最初に覚えた白居易の「長恨歌」は、いまだに最初の「漢皇重色思傾國、御宇多年求不得」から最後の「天長地久有時盡、此恨綿綿無絶期」まで、意味はわからずとも、つらつらと口から出て来る。

九九は中国語で覚えたため、暗算するときは無意識に頭の中で中国語を使っている。こういう小さい頃の記憶の固定化の効果は凄いと、いつも自分の中で実感している。

台湾の学校には給食制度がなく、自分の家からお弁当を持参する。このお弁当の食べ方が台湾らしい。お弁当は登校したら教室の前の回収箱に入れる。目的は保温である。

電子レンジで「チン」のような生温いものではなく、炎が燃え上がっている釜の中に入れて本格的に「ゴーゴー」と蒸して温める。だからお弁当箱は昔、日本の鉱夫が持っていたような四角いアルミのものだった。

中身も、日本のようにタコウィンナーやプチトマト、ゴマでご飯の上に絵を描くお弁当なんて絶対にあり得ない。台湾では、ご飯の上に直接おかずを何種類ものっけるからだ。のっけるというより、「ぶっかける」という表現のほうがぴったり。ネコマンマのような感じだ。ビジュアル的にはいけてないが、味は天下一品。ただ、スパルタ式はお弁当の食べ方にもあてはめられ、中身をすべて食べないと先生に許してもらえなかった。

私は台湾のお弁当に慣れていたので、日本の学校に台湾式のお弁当を持って行ったときは、かなり周囲から奇異な眼差しで見られた。

台湾での、私のある日のお弁当を紹介しよう。

メニューは「白飯、排骨（スペアリブ）、魯蛋（煮卵）、醃蘿蔔乾（たくあん）、鳳梨（パイナップル）三かけ」。

お弁当箱に敷き詰められた白飯の上に、手のひら大の揚げた排骨が乗っている。排骨は日本のトンカツみたいに衣が厚いものではなく、うっすらと片栗粉をまぶした唐揚げのような感じで、揚げる前に下味をしっかりとつけ、肉は叩いてあるので軟らかい。どんなに大きくても、油っこくなく、あっという間にたいらげられる。

そのまわりには切り干し大根に似た漬け物と半分に割った煮卵が添えられ、付け合わせの漬け物はちょっと酸味があって食欲がさらにそそられる。残りのスペースにパイナップルが詰められている。

日本料理は目で楽しむ、と言うが、台湾でのお弁当はメインカラーは茶色。見た目は全然楽しくないが、味のほうは格別だ。台湾では外見より中身が優先されることが多く、田舎で出されるおばあちゃんの味に通じるものがある。


小学校で私には「野猫《イエマオ》」というあだ名が付けられた。

「野＝野良（ノラ）」＋「猫＝ネコ」で、野良猫という意味だ。

活発な性格で男子をやっつけるほど負けん気が強かったことと、動きも素早くて足が速かったこと、そして、「猫」＝マオという発音が名前の「妙」＝ミャオという発音に近かったなどの理由で、このあだ名になったのだと思う。

台湾の小学校は授業と宿題で大変ではあったが、それなりに楽しい学校生活だった。

好きな男の子もいた。

「侯佳宏《ホウチアホン》」という名前の男の子で、勉強ができて目がくりっとした可愛い感じの男の子だったっけ。

母も私が彼を好きなことを知っていて、運動会では一緒のところの写真を何枚も撮ってくれた。できるなら、もう一度会ってみたい。

一番の仲良しは近所の友だちの「蔡明穎《ツァイミンイン》」と「頼信宜《ライシンイー》」という天然パーマのモンチッチみたいな女の子。一緒にみかん狩りに行ったり、山登りに行ったりした写真が残っている。


台湾時代に撮りためた旅行写真には、日月潭や阿里山、故宮に太魯閣、花蓮、陽明山、九份、基隆など、台湾の主たる観光名所がたくさん収まっている。

でも、いくら探しても、家族四人で写っている写真は一枚もなかった。

圓山大飯店での母と私とおば。

日月潭での妹と私と母と日本人のお友だち家族の「さとこちゃん」。

花蓮での会社で仲良くしてくれていた「黄《ホワン》」お姉さんと私。

陽明山での私と運転手の「蔡《ツァイ》」司機《スーチー》。

空港での秘書の「張《チャン》」さんと私。

父と外で一緒に写っている写真はほとんどない。台湾で暮らしている時も家族で一緒に出掛ける時間はほとんどなかった。ただ、台湾の自宅の中で撮った写真は何枚か見つかった。定位置の椅子の上の父に肩車してもらっている私。父のベッドで一緒に写っている私。リビングでお誕生日ケーキのロウソクを消している妹と私と父。

これらの写真を手に取ってあらためて見ると、「家族」の繋がりは何なのだろうと考え込んだ。

父は子供のことをいつも心配し、たくさんの手紙を書いてくれた。

母は優しかった。

いつも一緒にいたかわいい妹。

私を通して、父、母、妹とは繋がっていても、四人が一つの輪で繋がった実感は一度もなかった。

理由はなんだろう。時間的に、物理的に繋がれなかったのか。あるいは、私が主観的にそう感じることができなかったのか。


台湾での父の会社は、自宅からすぐ近くの場所にあった。

昼休みには戻って来ていつもお昼ご飯を食べ、昼寝してからまた出勤して行った。夜はたいてい宴会で、いつもお酒のにおいをさせて帰って来た。

そんな父の部屋の扉が年に数回、開かなくなることがあった。

会社にも行かず、ご飯も食べず、声をかけても何の応答も返ってこなくなる。

開かずの扉の下の隙間から冷房の冷気だけが感じ取れた。

父が外界との接触を断ち切る時期、扉の隙間から差し入れる子供の手紙にだけは返事があった。

「パパごはんいる?」

――いらない。

「パパ大丈夫?」

――大丈夫。

もっと踏み込んで聞きたかったが、聞いてはいけない気がした。深く聞いたら、もう返事をしてくれないと思った。

父が部屋にこもってしまう期間は短いほうで一週間くらい。長いほうでは一カ月くらい続き、突然、「結界」が壊されて外に出てきた。

あれは、一体何だったのだろう。父は何を悩み、考えていたのか。

父も母も亡くなってしまったいま、直接聞くことは不可能になってしまった。

実は私がまだ三歳だった頃、ある事件が起きた。母が離婚を真剣に考えていたというのだ。

母の高校時代の親友が教えてくれたのだが、慣れない台湾での生活に加え、父の精神的な弱さからくる行動に苦しみ、相当悩んだ末だったという。私を連れて家出をした母はこの親友の家に泊まり、一カ月ほど逃避行をした。

この逃避行の最中、私は母親の顔色をうかがい、母がいないときも周囲の大人を困らせることなく、聞き分けが異常に良い、でも決して笑わない子供だったそうだ。

そして何かあると「どうして」と聞いていた。

この親友の家で撮った三歳の私の写真を見せてもらったが、自分のお誕生日ケーキを前に、確かに笑っていない。

「どうしてパパと一緒にお祝いしないの?」と聞きたかったのかもしれない。

母が母子手帳に書き記したとおり、私は大人の気持ちに敏感で、感受性が鋭い子供だったに違いない。

楽しくはない体験だったので「忘却」のフォルダに入れ、デリートボタンまで押してしまっていたのだろうか。母の逃避行は私の記憶に一切残っていない。そんな時期を乗り越え、妹が誕生したのだから、両親はどうにか解決の糸口を見つけたのだろう。

台湾時代、父と母が不在のときに私のお相手はほとんどお手伝いの「ハル」さんがしてくれた。小さかった私を片手でひょいと持ち上げられるくらい大きな体で、ゾウサンみたいにカサカサした足の持ち主だった。とびきり優しく、いつも私の味方になってくれた。

私はそんなハルさんのあぐらをかいたカサカサの足の間に入るのが大好きで、いつもそこに座ってカリカリとハルさんの足を触っていた。ハルさんは私に絵本を読み、美味しいご飯を作ってくれた。

ある日、いつものように自宅の外に売りに来ていた豆乳屋に、豆乳を買いに水筒を持って出掛けた。出来立て熱々の豆乳をぶら下げ、自宅に戻る途中の階段で転んだ。熱湯のような豆乳が私の左腰から足にかかり、熱さにびっくりして大泣きした。

ハルさんは、私の火傷したところに「漿糊《チアンフー》」（障子貼り用の糊）をペタペタと塗り始め、乾いたらまた塗るという作業を丸二日繰り返してくれた。

水ぶくれになって、ケロイドになっても不思議ではなかった火傷の跡は数カ月後、目立たなくなり、やがて跡形もなく消えた。

ハルさんからは、ほかにもいろいろと「おばあちゃんの智慧」を教えてもらった。覚えているものでは、卵の殻の裏側にある薄い膜を傷口に貼ると、サランラップのようにぴたっと貼り付き、ばんそうこう代わりになることだ。

もう一人、私の相手をしてくれたのが父の会社の運転手の「蔡」さんだった。

運転手の中国語は「司機」。「蔡司機」と私たちは呼んでいた。学校に車で迎えに来てくれ、帰り道に両親に内緒で買い食いに連れて行ってくれた。蔡司機の運転席の後ろに座るのが好きで、運転する蔡司機を背後から目隠しして遊んで怒られた。

蔡司機と一緒に、よく買い食いしたものには、こんなものがあった。

・氷棒《ピンパン》（アイスキャンディー）
・酸梅湯《ソワンメイタン》（梅ジュース）
・米苔目《ミータイムー》（お米をうどん状にして甘い汁をかけたもの）

二〇一〇年夏に、所用があって台湾中部の「雲林」という土地に行った。雲林には、父の死後、顔家の会社を辞めた蔡司機が住んでいると聞いていたので、会いたくなって連絡をとってみた。蔡司機は雲林でも司機の仕事をしていて、雲林駅前のタクシー会社で働いていた。

電話口からは懐かしい声が響いた。

「顔妙！　好久不見！」（妙ちゃん、久しぶりだね）

三十年ぶりの再会。私の記憶では、痩せたちょっとかっこいいお兄さんの蔡司機だったが、現れた蔡司機は髪の毛が少し薄くなって、おじさんになっていた。けれど面影は残っていた。

優しそうな目と話し方は変わらないまま。車の後ろに乗ったら、台湾で生活していたあのときの記憶がよみがえってくる感じがした。

雲林で評判の氷棒店に連れて行かれ、アイスキャンディーを食べながら、私を学校に送り迎えしてくれたときの話で盛り上がった。

蔡司機は、当時の私は学校の宿題や習い事が多すぎて可哀相に見えたらしい。私は、蔡司機と一緒に遊ぶのが大好きだったと、当時言えなかったお礼を言うことができた。

私が通っていた学校は私立で小学校から高校までの一貫校。それでも小学校五年生になると、附属の中学への進学のため、さらに勉強が大変になった。少し気を抜くとついていけなくなるから、家庭教師の先生に来てもらった。

家庭教師の先生は「呂老師」。台湾で先生は若くても「老師」。台北師範大学を卒業した優しい女性の先生だった。

勉強を見てもらい、書道を習い、本を読む楽しさも教わった。

呂先生と休日に一緒に西門町に行って映画を見たりもした。教えてもらった、台北火車站（台北駅）にあったお店の酸辣湯（サンラータン）と鍋貼（焼き餃子）は、たぶん生涯で一番美味しいと思った台湾料理の一つだが、いまはそのお店はもうない。

呂先生は私が日本に行ってからも手紙をたくさん書いて送ってくれた。高校生になった私は、台湾に行ったときに会いたいと思って先生の実家を訪ねたが、直前にガンで他界しており、きちんとお礼を言えなかったことが悔やまれて仕方ない。

台湾の人たちに育ててもらった幼少期。

私は台湾という「国」に溶け込んでいたが、母はもっと大変だったと思う。言葉がわからない中、名家出身の父を助けようと親戚付き合いも一生懸命にやっていた。

台湾は親戚の呼称が非常に複雑で、父方か母方かで呼び方も違う。

覚えてしまえば呼称で父方か母方かわかるから簡単だと台湾人は言うが、「おじちゃん」「おばちゃん」で一括して親戚を呼べる日本人からすると大変な作業である。

知らない親戚に会うと、いまでも私はどう呼ぶべきかわからず、いつもおじやおばに耳元でこそこそ聞いている。

ちなみに、従兄弟は「堂/表」、おじさんは「伯/舅」、おばさんは「姑/姨」と呼び分ける。前のほうが父方で、後ろのほうが母方になる。

呼び間違えると失礼なことになる。特に長男の嫁だった母には、人一倍周囲の要求も高かっただろうと想像する。台湾社会と親戚のネットワークに溶け込もうとして、家では親戚たちに日本語を教える代わりに中国語、台湾料理や刺繍を習ったりしていた。

「箱子」には二冊のレシピ本が入っていた。一九七二年から台湾人に台湾の家庭料理を習い始めた母の直筆のノート。めくると「大根餅」や「豚足」など、どれも私たち姉妹が大好きだった母の手料理ばかりが現れた。

「箱子」の中には、台湾に渡ったばかりの母を気遣い、十歳年上の母の姉から頻繁に届けられた手紙も残っていた。

お手紙拝見
孤軍奮闘している様はいじらしくも又哀れ
灰娘に戻ったシンデレラが再び馬車にしかもかぼちゃならぬ本物に乗れたのは
その心を失わなかった故
かぼちゃに戻ってもともと
初心忘れるべからず
今度はしゃべれる訳かな
中華料理の作り方でもまた教わりましょうか
かづ枝さん

昭和四十五年五月十八日　次子

ほかにも、こんな手紙があった。

どうしていることやらと　気になり出した頃の便りでしたので　安心いたしました。

とにも角にも　大変なことは　お察ししますが　背のびをしないで　仰せを素直に理解して　すすめることです

この文面からは、両親が早くに他界していた母は、いろんな悩みを姉に相談していたことがわかる。私が知っている母は誰よりも強い人で、台湾社会に馴染んでおり、一人で市場に行き、日本語と中国語と台湾語を駆使して買い物の値引き交渉までできる日本人だった。

一九七〇年代から八〇年代のテレビは国営放送の三局しかなく、放送時間帯も決められていた。朝と昼と夜。途中はザ～ッと砂埃のようなあの模様がブラウン管に映っているだけ。放送前と終わりは必ず中華民国の国歌が流れた。

あまり面白い番組がなく、私は一週間に一回、家にＶＨＳのビデオテープの入った大きな袋を持ったおじさんが訪ねてくるのを楽しみにしていた。「小学二年生」など子供向けの日本の雑誌やマンガも持って来てくれた。

レンタルビデオなどない時代、日本のテレビ番組をテープにダビングし、貸し出しする商売があったのだろう。いつも決まって借りていたのは、

・Gメン'75
・山口百恵の「赤いシリーズ」
・ドリフターズ
・ドラえもんやフランダースの犬、みなしごハッチにキューティーハニー

借りたらすぐに全部を見たがる私と妹は、

「そんなにすぐに見ちゃったら、もう来週見るものがなくなっちゃうわよ」

と母によく叱られた。それでも、すぐに見てしまっていた。

私の一番好きなスターは丹波哲郎と若林豪だった。渋めが好みだ。

姉妹で一番のお気に入りはドリフターズ。

何度も何度も同じ番組を見て、口と鼻の間に海苔をつけて二人で髭ダンスを父母に披露した。ピンク・レディーも大好きで、UFOやペッパー警部を物真似して踊っていた。

「小学二年生」の附録で一番の楽しみはソノシート。いろんな物語や歌が聴けて楽しか

った。でも姉妹のケンカでいつも折り曲げられ、結局すぐに使えなくなってしまった。

宿題ばかりだったモノトーンな印象の台湾生活でも、家の中は日本のにおいがして、ソノシートの赤のように鮮明なカラーだった。日本語だけを使う環境では余計なことを考えなくて良かった。

台湾で中国語と日本語の使い分けに戸惑う私の心。

扉の向こう側の冷気に包まれた父の心。

台湾の生活に溶け込もうと頑張っている母の心。

まだ物心がついていない妹の心。

四つの心は同心円ではなく、微妙に重なり、ズレているように私は感じていた。

日本に行けば、同心円になれるかもしれない。

自分自身も少しははっきり自分の考えを口に出し、他人にも甘えられるようになりたくて、いつしか鮮やかなカラーの日本で生活をしたいと思い始めていた。

我要去台湾（台湾に行く）

我要回日本（日本に戻る）

我属於哪裡（私はどちらに属しているのだろうか）

由自己決定（自分で決めよう）

閉ざされた部屋

展開双手　（両手を広げ）
得到幸福　（幸せを得る）
収一隻手　（片手を引っ込め）
失去自己　（自分を失う）

父は十歳から十九歳まで日本に住み、東京の学校に通った。

日本に親しい親類はいなかったが、父のすぐ下の弟と教育係を兼ねたお手伝いさんが台湾から一緒に送り込まれた。父は子供の頃から喘息ぎみで、両親が台湾の湿度の高い気候を避けようと考えたのと、後継者である長男の父に日本で教育を受けさせ、ゆくゆくは実家の鉱山ビジネスの関係から東京に拠点を設け、父に任せてみたいという考えがあったようだ。

東京で暮らし始めた父はやがて学習院中等科に進学したが、一九四五年の東京大空襲で住居が焼けてしまい、信濃町の犬養家に移り住んだ。戦前首相を務めた犬養毅さんのひ孫で、戦後法務大臣を務めた犬養健さんの息子である犬養康彦さんと父は、学習院中等科の同級生で親友だった。犬養家と父の不思議な関係はあらためて詳しく書きたい。

父は終戦後にいったん台湾へ帰り、また東京に戻ると早稲田大学鉱山学科に入学し、再び犬養家に入り浸ったが、犬養家が渋谷区神山町に引っ越したことをきっかけに、近くの松濤に自分で家を借りた。この松濤の家に母が住み始め、私が生まれた。

松濤の家について、私に記憶はないが、写真があの「箱子」の中に残っていた。ブルーの二階建ての四角い洋館。家の庭に、大きな木が一本、どっしりと立っている。木の下で、母に抱かれた私。建物と庭は当時としてはモダンな造りだったと思う。

あるとき、この家をもう一度見てみたくなり、松濤に行って同じ番地を見つけたが、空き地になっていた。かなり広い。当たり前のことかもしれないけど、建物はなくなっても、その土地が残っていたことがちょっと嬉しかった。さらにその数年後に近くを通りかかったら、今度は真新しい一戸建ての住宅が建っていた。アリスのトランプ兵が守っていそうな、銀色と黒と金色の柵と中世ヨーロッパの門構え。ゴージャスというか、ちょっと品のない感じの家に変わっていてがっかりした。家の前にペガサスの置物を置いたり、大理石や金色の建材を好んだりする趣味は、私には理解できないミステリーだ。ださい、と思ってしまう。

父は松濤のモダンな家が気に入り、貸し主に譲って欲しいと何度も頼んだが、結局その願いは叶わず、目黒区自由が丘にマンションを購入した。

3LDKで台湾の家より小さいが、駅に近くとても便利な場所にあった。

一階の入り口のすぐ横に管理人さんの家があり、いつも「トントン」と金槌をふるって住人の部屋の修理をしたり、何かを作っていたりしていた。みんなで管理人さんを「トントンのおじちゃん」と呼んでいた。管理人さんはとても優しくて、母が留守のときはいつも家に遊びに行って、飼い犬の柴犬・ゴローと遊んでいた。

マンションを買ったとき、まだ私たち家族は台湾に拠点を置いていたが、学校が夏休みや冬休みになると母と一緒に日本に来て、この家で過ごした。四季を感じられる日本には、春のお花見、夏の海水浴やスイカ割り、秋には温泉と紅葉狩り、冬の雪合戦と、季節ごとに思い出がたくさんある。

私は質問魔である。いまでもそうだが、子供の頃から質問癖があった。

日本に来るたびに母方の親戚に遊んでもらっていたが、親戚にはいつも「なんで」「なんで」「なんでぇ～」と聞いて、最後にはしつこいと怒られていた。

一番お世話になった母方の親戚は埼玉に住む母より六歳年上の姉夫婦。家に遊びに行って母が迎えに来たときは帰りたくないと泣きわめくほど大好きだった。

神奈川にいる母の十歳年上の姉の家にもよく行った。おばの夫は学校の先生。話が真面目で説教じみていて私には敷居が高かった。この家での思い出はボットン便所、いわゆるくみ取り式便所だ。このボットン便所が珍しくて、底が見えない奥は一体どうなっているんだろうと興味津々で、いろんな空想をめぐらしていた。

便器の底には怪物がいてお尻が食べられてしまうとか、臭い大便の中を頑張って潜っていけばドラえもんのタイムマシーンのように異次元に通じているとか。

便器の前に吊るされている樟脳と穴の奥から薫ってくるにおいで空想から現実に引き戻され、お尻を拭った。

ある年の台風のとき、木の雨戸がガタガタして家ごと吹き飛ばされるのではないかと怖くなり、この家に行くのは嫌だと思うようになった。


一九七六年。六歳の私に妹ができた。母は自由が丘に近い病院で出産した。このとき父は仕事で台湾にいたため、心細い母を手伝ってくれたのはおばたちだった。妹の誕生は私にとって「オモチャ」が手に入ったようなものだった。

生後間もない妹のオムツを替えるのが大好きだった。両足をパチパチと合わせる仕草に喜び、蒙古斑のついたお尻が面白かった。お尻の穴に指をつっこみ、百八十度開脚のような体勢をさせていたら、母から「変なところばかり触るんじゃありません」と叱られた。人体に対する私の強い関心は、思えばこのときすでに芽生えていたのだろう。

妹の誕生で四人家族になった一家は自由が丘のマンションでは手狭になり、世田谷区の等々力に一軒家を購入した。新しい家は庭付きの二階建てで、使わない部屋がいくつもあってとにかく広く感じた。

台湾からときどき帰国して滞在する日本での生活は「楽しい」という記憶しかない。美味しいお菓子にマンガ、遊園地に動物園、優しい親戚、日本語だけの環境。台湾でピンク・レディーのカメレオン・アーミーを聴いてから、自分はまさにカメレオンだと思っていた。なぜなら、台湾では常に周囲に溶け込むために保護色になるよう努めていたから。でも、日本ではそんなことをする必要がなく、何をしても、どれもこれも気楽で、心地良かった。

突然、父が聞いてきた。

「日本に行きたいか?」

父の質問の意味がよくわからなかったが、即答した。

「うんっ!」

一九八一年、すぐに日本での生活が始まることになった。父はほとんど心を決めていたのだろう。私の明快な返事が、最後に背中を押したのかもしれない。

学校で挨拶をした覚えも、お友達と「送別会」を開いた覚えもない。引っ越しの記憶もあやふや。普通に日本に旅行に行くような気分で台湾を去った。

父は相変わらず日本と台湾との間を行き来し、日本で腰を落ち着けるにはしばらく時間がかかるということで、事実上、母と妹の三人による日本での新生活が始まった。

一年中何かが芽吹きそうなモワッとした熱気。排気ガス、ガソリンのにおい。屋台から漂う食材のにおい。そんなにぎやかで雑多な台湾から一転して、澄んだ空気と、整頓されてガランとして乾いたにおいがする日本へ。

最初の変化は私の苗字。日本の生活に適応しやすいように、父の姓の「顔」から母の姓の「一青」になった。

「一青」という姓は日本で珍しく、そのルーツは石川県にある。能登半島の旧鳥屋町（現中能登町）に一青という地区があり、母の一族はそこの出身だ。私が高校に入り、母と妹と三人で鳥屋町に行ったことがあるが、同じ一青姓の人は一人も住んでいなかった。それでも電信柱に「一青」の住所標記があったり、「一青公民館」があったりして、ここに住んでいたら、誰もが名前を正しく読んでくれるんだろうなと思いながら興奮した。

自分の名前が変わる不思議な感覚。画数が減って得した気がしたのもつかの間、「一青」＝「ひとと」と誰も呼んでくれないことに気づいた。

どこに行っても、「いちあお」か「ひとあお」「いっせい」などと呼ばれ、いまに至るまで、名前の読み方の訂正に苦労する人生が始まった。

帰国子女を積極的に受け入れて、必要なら補習もおこなってくれる目黒区立の小学校に編入し、妹は近所のお寺の附属幼稚園に入園した。

日本語の会話には困らなかったが、問題は漢字だった。台湾では、伝統的な中国語の書き方である「繁体字」で勉強していた。繁体字には日本の漢字と一致しない字が少なくない。

たとえば、こんな漢字がそうだ。

國（＝国）
數（＝数）
學（＝学）
圖（＝図）
壹（＝一）

このことが原因で、思いもよらない非難めいた言葉を同級生から聞かされた。「知ったかぶりしていて嫌な感じ」と。

同級生でニューヨーク帰りの帰国子女がいたけれど、彼女は自分の意見をはっきりと言う子で、いじめられても同級生たちと言い争っていた。私といえば、こんなところで自己主張しても勝てっこないと思いながら、心のどこかで、あの子のように文句を言えず、ただ黙っているだけの自分が嫌だった。

台湾の「カメレオン・妙」は日本に行けば考えをきちんと言える人に変身できると思ってきた。環境が変わるときが一番のチャンス。でも、この一回目のチャンスはものにすることができなかった。私は環境適応能力を逆の意味で発揮し、「一青」だからあだ名は「トト」と命名され、クラスでも中心的なグループの一員としてしっかり溶け込んだかわりに、はっきりものを言える性格には変われなかった。

日本の小学校での生活は驚きと発見の日々だった。

まずは給食。台湾はお弁当だった。日本の給食ではビニール袋からソフト麵を出してミートソースと絡めて食べることが物珍しくて楽しい。カレーライス、ハヤシライスなどメニューも豊富であっという間に給食ファンになっていた。青白いもやしっ子のような体型から健康優良児体型に変貌するまでそう時間はかからなかった。体重がグングン増えたので、成長速度に追いつかなかった太腿にはいまも残っている肉割れ線ができてしまった。

体育の授業には驚いた。特に戸惑ったのは台湾にない「鉄棒」と「跳び箱」。棒にぶら下がり、いきなりみんなが「くるくる」と回り始めたときは、何が起きたのか理解できなかった。体育館で白い木箱が積み上げられているのを見て、どう対処してよいのか困り果てた。ところがすぐに私は器械体操に夢中になり、鉄棒では「大車輪」、跳び箱では「頭はね跳び」が得意な子になった。

クラスでは珍発言を連発した。社会科の歴史は初めて。いきなり憲法や明治時代と言われても、チンプンカンプンだ。台湾では「三明治」＝「サンドイッチ」という意味なので、明治時代とはサンドイッチに関連した時代なのかなと勘違いし、みんなに笑われた。いまでも最も欠落しているのが日本の歴史の知識だ。地理も弱い。大人になって国内旅行をするようになり、日本の地理が次第に頭に入ってきたが、種子島＝ポルトガルと本気で思っていた。

あるとき、地図で「ロンドンを指差しましょう！」と言われ、私一人がアメリカの中を必死に探した。歴史も、平成の前は昭和、大正、明治までが自信を持って言える範囲。歴史上の人物はみんな、藤原か徳川という大まかな理解（誤解）の持ち主である。

小学校時代、私は妹とピンク・レディーの物真似をし、ファミコンなどで遊んだ。ケンカも人並みにしたが、仲の良い姉妹だった。

妹はいつも私のお下がりを着ていた。私はいつも新しいお洋服。だから「お姉ちゃんなんだから我慢しなさい」「お姉ちゃんだから譲りなさい」という母の言葉もあまり気にならず、むしろ長女は得だという感覚だった。

あっという間の小学校時代が終わり、帰国子女として受けた学習院女子中等科に入学した。学習院は父が通っていた学校だった。

この受験では、ちょっとした思い出がある。

帰国子女として母国語を使っての作文の試験があった。私の母国語はもちろん中国語。一枚の絵を配られ、感じたことを自由に書かされた。原稿用紙は横書きの紙。周囲が一斉にサラサラと書き始めたが、私には横書きで字を書く概念がなく、途方に暮れた。

手を挙げて縦書きの原稿用紙がほしいと申し出たら、試験官の先生たちも慌てた。帰国子女は私を除いて全員英語圏からの帰国者だったから縦書きの原稿用紙が用意されていなかったのだ。後日聞いたところでは、中学、高校の先生に中国語を理解する人がおらず、私の作文は学習院大学の中国語の先生に採点してもらったそうだ。

配られた絵は「勉強している子供の横に大人が立っている」という図柄だった。恩師への感謝を綴った作文を書いた。台湾での教育は儒教思想に立って子供に両親を敬い、忠義や恩義、孝行の必要性を徹底的に刷り込む。子供の文章表現もまるで北朝鮮のニュース原稿のように壮大な内容になる。

「両親に対する思いは天より高く、海より深く、荒波が来ても揺るぐことがなく……」。

そんな恐ろしくオーバーな表現を作文として普通に書いていた。

小学校四年生の時、母の日に母に宛てた手紙がいま私の手元にある。

親愛的母親…

母親、一年一次的母親節到了、我在這封信裏、有千言萬語要告訴您、希望我所寫的每一句話、您都能原諒我、也希望您能夠諒解我。

母親、我每當放學以後、我總是不聽您的囑咐而惹您生氣。母親您辛辛苦苦做出來的每一餐、我不吃而吃麵包、您每次再三的希望我身體健康而夾菜給我吃、但我卻不吃。

母親、您每天含著一顆希望自己的子女樣樣好、而不顧自己的青春、來照顧在我們的身上。母親、您每天無微不至的照顧我們使我們得到母親的温暖。

母親、我要告訴您、我要告訴您、我以後絶對不會再有使您傷心的事了！

敬祝

媽媽永遠健康幸福

女兒　顔妙上

（親愛なるお母様

お母様、一年一回の母の日がやってきました。この手紙の中で、千言万語あなた様に伝えたいことがあります。私が書く一言一句をお母様が許して下さり、理解して下さるようにと願います。

お母様、私は学校が終わるたび、あなたの言うことを聞かず、あなたを怒らせてきました。お母様、毎回一生懸命作って下さった食事を私は食べず、パンを食べました。あなたは毎回私の健康を気遣って、おかずを取り分けて下さるのに、それを食べませんでした。

お母様、あなた様は毎日ご自分の子供に何事もないことを祈り、ご自身の青春を顧みず私たちの面倒を見て下さっています。お母様、あなた様が毎日なりふり構わず面倒を見て下さっているので、私たちは母親の温かさを感じることができております。

お母様、誓います、誓います、今後絶対に二度とあなた様を悲しませるようなことはしません！）

ママの永遠の健康と幸福を願って

娘　顔妙より

小学校六年生のときに、日本から台湾にいる父に宛てた手紙はこんな調子だった。

親愛的爸爸：

您好嗎？　自從您走了以後、已經快要一個月了。這一個月當中、女兒不知道已經想念過爸爸您幾次了。女兒現在唯一只希望爸爸能平安無事的回到日本、再過以往的甜蜜家庭。

女兒在日本的學校一切學業與品德差不多都可以跟上了！　爸爸回到日本時有好多的考試卷要給您看。告訴您我進步了！　還有、爸爸還記得二月十四日是我們小學校樂器指導的演奏會嗎？　我在拉小提琴、老師還説我剛開始學就有這麼大的進步呢！　只可惜爸爸不能來聽我們的演奏。可是春天也有像這一次的演奏會。這一次女兒非得把爸爸您拉來聽哦!!

敬祝

健康快樂

一帆風順

女兒

妙　敬上

（親愛なるパパ

お元気ですか？　パパがいなくなってからもうすぐ一カ月が経とうとしています。この一カ月のうち、娘はパパのことを何回思ったかわかりません。娘のいまの唯一の望みは、パパが平安無事に日本に戻ってきて、以前のような甘い家庭生活を送ることです。

娘は日本の学校において、学業や品行面でほぼついていくことができるようになりました！　パパが日本に来たときには、見せたい答案用紙がたくさんあり、進歩したことを報告したいです！　それからパパは二月十四日に小学校の楽器の演奏会があることを覚えていますか？　私はバイオリンを弾いています。先生は私がまだ習いたてなのに、とても進歩したと言ってくれています！　ただパパが聴きに来られないのが残念ですが、春にも同じような演奏会があるので、そのときは何がなんでも引っ張ってきて、聴きに来てもらいます!!）

お元気で

娘　妙より

日本の小学生がこんな文章を書けば、親や教師は子供の精神状態に不安を感じるだろう。私はこの調子で入試の作文も書いたところ、意外にも「なんて感受性豊かな素晴らしい小学生なのだ」と先生方に良い意味で勘違いされ、合格してしまった。

台湾人とのハーフと言っても外見は日本人そのものだし、中学の英語の授業では英語圏からの帰国子女が目立った。あの流暢なネイティブの発音を羨ましく聞いていては、英語圏の出身ではなかったことから両親を恨んだ。

当時、中国語はマイナーだったので、自分が帰国子女だということは言わなくなった。英語を話せず、見た目に違いがわからないハーフは注目もされず、「カメレオン・妙」は完全な日本人の色に変わり、自分が変わるチャンスも逃してしまった。母親は折角覚えている中国語を忘れないようにと家庭教師までつけてくれたが、とにかく嫌だった。ごねてごねた結果、母も最後は諦めた。

日本での生活が始まってから、私や妹は学校、父は台湾とそれぞれのベクトルが指す方向の違いは大きくなった。しかし、その中心にはいつも母がいた。母を中心に、父、私、妹が繋がっている。そんな一家だったと思う。きっと傍目には幸せで、円満な家庭に映ったに違いない。少なくとも私たち姉妹は、何の不安もない日々を送っていた。

そんな一家に「病」という影が忍び寄ってくるまで、あまり時間はかからなかった。

「箱子」に、メモ帳が数冊入っていた。

一体何のメモだろうと思って開くと、どのページも母の字でぎっしり埋まっていた。ただごとではない緊張感がすぐに伝わってきた。

母の日記だった。

メモ帳の存在は父の死後、母が父の追悼集を作るために日記を清書していたときに知った。当時はあまり関心もなく、追悼集を完成することなく母が逝ってしまった後は、その存在をすっかり忘れていた。

メモ帳は、ミッキーマウスや水玉模様が表紙のものもあれば、コクヨのB5判のノートもあった。表紙に番号が一から七まで振られ、きちんと年月日が書き込まれていた。ところどころに附箋が付いている。書きかけの別のメモ用紙がセロハンテープで貼られていたり、記憶の走り書きがあったり、当時の母の思いがすべて詰まっていることが一目でわかった。

母は、父の病の衝撃をどうにか受け止めようと自分を励ますためにこの日記を書いていたのだろうか。父のガンが見つかった日から、五十六歳で亡くなる二日前の一九八五年一月十七日まで、ほぼ毎日書き続けられていた。

箱から取り出し、最初のページを開く。

父の病を知った母の驚きが綴られていた。

一九八三年十月二十六日

PM5：00

米山先生より電話。

「あ、一青さん、顔テキの肺のレントゲンに異常あり。真っ黒なんだよ！　大変な状態なんだよ。よくて粟粒結核、肺ガンの可能性大なんだよ！　とにかく明日台湾へ帰るなんてとんでもないことだよ！　女子医大に肺の第一人者がおられるから、明日僕のところにレントゲン写真を取りにきてもらってあさって女子医大に行くことにしよう。たぶん即入院と言う事になるだろう」

「咳の量は近頃多くなった？　痰は？」

「痰は一年中出しています。咳は近頃夜分に多くなったので注意していたところです」

電話を切ったあと、胸の鼓動が激しくなり落ち着かない。じっとしておれなくなり、遠足帰りの窈の運動着を洗い、コインランドリーに持参。
「肺ガン」の言葉が頭から離れない。

それ以上読み進めて良いものかしばらく迷った。あまりにも重く、私にとって思い出したくないものまで掘り起こされてしまう気がした。

父が病によって亡くなるまでの約一年半は「耐」という文字しか浮かばない、つらい日々だったからだ。それでも、封印してきた思いは、いまの私にとって一番知りたいことでもあった。覚悟を決め、ページをめくった。

あのとき、あの瞬間のいろんな思いが、メモ帳に書かれた母の言葉と重なり、心の中に溢れ出てきた。気づいたら、メモを読みながら、号泣している自分がいた。

父が五十五歳のときに罹った病気は「ガン」。

約二十五年前、ガン治療は現在ほど進んでおらず、ガン＝死という認識が一般的だった。ガンを本人に告知するかどうかは家族にとって本当に難しい問題だった。

読書家の父は、自分が納得するまでは徹底的に疑い、調べ上げるタイプだった。

母の日記には、連日続く検査に疑問を持った父が、自分の気持ちを吐露した部分が書かれていた。（以下、日記中の「顔テキ」「民」は父を指す。「和」は母のこと）

一九八三年十一月十二日
やだよ、俺。
俺には崇高な精神なんてないよ！
医者のモルモットは嫌だよ。
ガンの解明に自分の身体を提供するなんてことは出来ないよ！
ガンだとわかったら、俺はスキーに行くよ。
それでさよならだよ。

多分、いや、きっと、このとき父はすでに自分の病状を理解し、残りの人生をどう過ごすべきか考え始めていたのだと思う。

ちょうど同じ時期、父の父親、つまり私の祖父も、病気で亡くなった。台湾有数の有力家族の長男に生まれた父は祖父の跡を継ぐ立場にあり、日本でのんびりと検査を受けている場合ではなかった。検査を中断し、私と妹はおばに預けられ、父と母は渡台した。祖父の葬儀が執りおこなわれたあと、二人は日本に戻ってきた。

おばに預けられたとき、私は父の病気の深刻さをまったく知らず、ただ「阿公」（おじいちゃま）が亡くなったことしか理解していなかった。

家族四人の「正常な関係」はこの時期が最後だった。

病院の先生から電話があった一九八三年十月二十六日から、父の命日の一九八五年一月十九日までの四百五十一日間、私たち家族は元の関係に戻ることなく、父は去って行ったのだ。

この後の日記には、父に「ガン」告知をするかどうかで悩み続ける母の様子が生々しく書き残されていた。

一九八三年十一月十三日
夜、鍋を囲んで楽しく食事をする。
妙、窈の写真を盛んにパチパチととる。八時半、タクシーに乗って病院へ。
車の後ろに見える背中がさみしい。

一九八三年十一月二十日
夕方、犬養さんと長電話で現状を詳しくはなしている。
とにかく俺は片付けなくてはならぬことがあるので、結果が解り次第、真実を知りたい。
と頼んでいる。

一九八三年十二月十七日

教授に会う。

両肺ともにやられている。

手術不可能、一年は無理の宣告。

覚悟はできていたけど、一年という言葉にボーゼン。

涙顔を階下のレストランでコーヒーを飲みながら心を落ち着ける。

民の所に戻り、デイルームで六時迄いる。久しぶりに味わうしみじみとした気持ちでとりとめのないことを話す。

一人になって泣く事がこわかった。

深刻なガンが確定した後、母はもちろん、父をよく知る親戚、友人たちは、父の性格上、病名を知った場合は自ら命を絶つとの結論に達し、騙し通すという苦渋の決断を下した。

私と妹にも、ガンのことは告げられなかった。

私は十三歳の子供なりに起きていることを必死に理解しようと奮闘した。家に訪れる大人たちの会話に部屋の外から聞き耳を立て、聞こえた部分から推測しようとした。

壁を隔てた会話は「家政婦は見た!」の市原悦子のように、タイミングよくバッチリとすべてを聞き取れるものではない。でも、私はなんとか知りたいと思い、探偵になったつもりで家のいろいろなところに何か手がかりがないかと探した。私だけが家にいるとき、リビングの電話台の引き出しから九十分テープが入ったままのテープレコーダーを見つけた。「もしかして」と思い、その場で再生のボタンを押すと、聞き覚えのある声が聞こえてきた。

母、犬養さん、そして病院の先生の三人の会話だった。難しい医学用語はわからなかったが、「持って後一年でしょう」という言葉だけがはっきりとスピーカーから漏れ出てきた。長い会話を最後まで聞いたかどうか覚えていないが、とにかく勝手に聞いたことを知られないようにと思い、急いでそのテープを巻き戻し、レコーダーを引き出しに戻した。

録音した会話から、ようやく自分の父親はガンで余命一年ということを理解した。でも、母には問いたださなかった。問いただしても何も起きないと思った。言わないことも母なりの考えがあったからだろうし、それ以上踏み込めなかったからだ。

父の病名は知らないふりをして、私ができることをやろうと心に決めた。

母はいままで言う「セカンドオピニオン」を求め、一縷の望みをもって父を東京女子医大から国立がんセンターに転院させた。

がんセンターに転院しても診断は結局変わらなかったが、それでも本当の病名を告げない母に対し、父の抵抗が始まった。

それは徹底した母への無視だ。

母の問いかけには一切答えず、母の作った料理にも一切手をつけなくなった。

父は母が何を聞いても答えないが、私と妹が同じことを聞くと答えてくれたので、私たち姉妹が自然と「伝言係」になっていた。

父と母との間で失われた会話を補うため。

両親の思いはすべて子供を通して伝えるという「異常な関係」の家族となった。

一九八四年一月十九日（がんセンター転院後）
朝から降った雪で病院いけず、ＴＥＬで連絡。民、受話器をとったままで、一言も口をきかず、こちらの用件を聞くのみ。

一九八四年一月二十二日
昼過ぎ、民よりＴＥＬあり。出ると妙を呼べとの事。メロンが二つあるから取りにこないかとのＴＥＬ。ママも行くかというと、必要なしとの事。
二時半、皆で病院に行く。私の持参した食事全部そのまま手つかず。相変わらず私とは口をきかない。せっかく心をこめて作った料理に手がついておらずそのままになっているので、私も頭にきた。

つくづく空しいと思う。

一九八四年一月二十七日
自分のして欲しい事は全て私を無視して看護婦にいいつける。どうしようもない恥ずかしさを覚える。全て私を無視。

十二月十七日のとりとめのない父と母の最後の会話から、父の「無言の抵抗」が始まって一カ月が過ぎようとしていた。

病院にいる父に母のメッセージを届け、父からの回答があったものを、帰ってから母に伝える。病院と家との間でおこなわれる伝言ゲーム。

私は、最初は軽い気持ちで「伝言係」をやっていた。ちょっとしたケンカなのかな。ちょっと機嫌が悪いだけなのかな。ちょっとしたら元に戻るだろう。ちょっとしたら、ちょっとしたら、ちょっとしたら……。でも、何も変わらなかった。

なぜこんな状態になってしまったのか。私は触れてはいけない気がした。触れたら均衡が崩れてしまう気がした。母は「いつもの母」を演じ、私も「いつもの私」を演じていた。家族それぞれが平静を保とうと必死にもがいていた。

一九八四年一月三十一日
妙、劇の主役に選ばれたと大喜びで民に伝える。
二人の子供にTELを民にかけさせるだけの毎日。

そんな中でも、私はちゃっかりと学芸会の主役のオーディションを受けていたことをこの日記から思い出した。タイトルは「だるまちゃんとかみなりちゃん」。同級生同士で脚本や演出を選出し、出演者のオーディションをやった。だるまちゃんは太った着ぐるみを着るから嫌で、希望したのは「かみなりちゃん」！（後に、原作の絵本でかみなりちゃんはパンツ一丁だということを知り、大分慌てた記憶がある）
最終審査は「男の子として、ドアを開けて駆け込んで大声で泣くシーン」が課題だった。私は勢いあまって本当に転んで泣いてしまった。心の奥底にあった役者魂はこの頃から表に向かってニョキッと芽を出し始めていた。

一九八四年二月六日
一縷の望みをもって、今日は口をきいてくれるかと病院へ行く。相変わらず同じである。民宛の手紙をかくも、どうしても手渡す事ができない。

一九八四年二月七日
　子供をしゃべらせる事で民の様子を見る。

一九八四年二月十二日
　病名を知らせる事をどう思うか。あれこれ考えて寝付かれない。はっきり言ってしまえば、私のとった行動は解ってもらえ、いまの事態は打開できるが、そのあとの民の行動が怖い。

母と父の関係は相変わらずのまま。私も伝言係にかなり慣れてきていた。一方、私は心のどこかで、あんなに知りたがっているのだから告知したほうがこのいびつな関係が解消され、すっきりするのにと思っていた。

一九八四年二月十五日
　犬養氏と会う。
　私の要領の悪い愚痴話しを聞いて下さる。
　民と犬養氏の同居時代の話。

敗戦後、民がおれは日本人ではなかったのかと一言いって台湾に帰った事。心の傷みで眉毛が全部抜けて包帯をしていたこと、民の性格形成のようなことを話してくださる。

本題である民に真実を話すべきか、ということについては、今の時点ではまだ私自身の心の構えが出来てないと告げる。

家に着くと、妙がメモを残して寝ていた。

「ママ、窈ちゃんがママにちゅっこんして欲しいって言ってたよ！お茶碗洗っといたけど、汚れが落ちてなかったらごめんね」

あれこれ考えあぐねてこの晩眠れず。

母の日記で最も多く登場するのは、父の学習院時代の同級生、犬養康彦氏だ。日本で一緒に生活し、一緒に行動し、その後約四十年にわたって父にとって一番の理解者であったと言える。そのため、母は父がガンになったことを真っ先に犬養さんに知らせ、途方に暮れていた心のよりどころを犬養さんに求めたのだと思う。さらに犬養さんの力添えにより、なんとかこの異常な家族を元に戻せないものかと格闘していたのがわかった。

犬養さんは身長が低く、にこにこしている優しいおじさまだったが、話をするときの眼光は鋭く、その眼差しが注がれると、すべてを見透かされているような気になってしまう不思議な威圧感を持った人だ。

日常生活を支えてきた母が家にいない時間が長くなったため、私は妹の面倒を見たり、家事の手伝いをする機会が多くなった。それなりに手間がかかったが、両親不在の家を守り、支えているのはこの「私」だという意識もあり、同年代の子よりも大人びた自分を誇らしく思った。

録音テープで、父の余命が後一年だという事実を知っていたが、それがどういうことか、ことの重大さはまったくわかっていなかった。父親が近いうち、この世からいなくなるであろうという事実。いまならばその意味を理解し、もっともっと何かをしていたと思うし、何かができたと思う。母の話の相手にもなれたはずだ。

だが、中学二年生だった私は、学校に行けば日常に引き戻され、一日の内、半分以上の時間は父のことを忘れていた。

一九八四年二月十七日

民にとっては真実を告げるのが良いことなのかもしれない。好きな山にでも行って、サヨナラをさせてあげることが出来たら良いと思う。だけど、今の私には笑って見送るだけの肝っ玉がない。

一九八四年二月十八日

朝目覚めたら屋根も木も真っ白。民がいきなり電話もなくご帰還。パジャマに着替えて長靴をはき、庭に出てゆきを踏んでいる。庭の木一本一本を見、庭のすみまで足を運んでいた。パジャマのすそを雪に埋もらせて足を踏みしめていた。十分程度そうしていたのだろうか。相変わらずの淋しい後ろ姿。

妙と窈がシャベルを持ち出してカマクラを作ると言い出した。民、写真機を取り出し、盛んに写真を撮る。

和それを見ながら買い物に出る。今日は生あいなめがあったので刺身にして貰う。他にさより、オコゼを買う。トコブシは台湾風にさっと蒸して、ニンニクとみょうがをさっと炒めて醤油を落として上からかける。シシャモをさっと焼いた。酒は新潟の辛口菊水。相変わらず一言も口をきかないが、酒は四合強。三つ葉のおひたし、ふきの煮物、ふきの葉の醤油煮、油揚げの味噌とネギを詰めて焼いたもの。全部綺麗に食べた。

今日は不思議と淡々とした気持ちで眠りにつく。

一九八四年二月十九日

朝食後、民、妙と庭で昨日の続きのカマクラ作り。

こんにゃく、人参、ごぼうに昨日の残りの刺身を入れて味噌汁。

牛肉ゴボウの醤油炒め。ブリのつけ焼き、ニラのおひたし。全部綺麗に食べた。

一言も口きかずだが静かな一日だった。

夜、アンコウ鍋、アンコウキモの酒蒸し、ふきのとう、たらの芽、紫蘇の葉の天ぷら。とりの白焼きを美味しそうに食べて八時半帰院。三人で玄関で見送る。大きな声で行ってらっしゃいを言う。

最後迄一言も口をきかず。

雪とカマクラとお酒とお鍋。

この日のことは、母の日記を読まなくてもはっきりと私の脳裏に焼き付いている。

父は学生時代、山岳部に入っていた。夏は山に登り、冬は山スキー。山をこよなく愛した人だった。かたくなに母の料理を口にしなかった父だが、大好きな雪の力のおかげか、この二日間は、母の作った手料理に箸をつけた。

日記に記されているメニューを見ると、父のために母が作っていた料理の数々は実に日本的な和食ばかりだったことにあらためて気づいた。

台湾に生活のベースを置いていたとき母は中華料理を作っていたが、父の酒の肴には必ず煮魚やおひたしのような和食を用意していた。長く日本で生活した父にとって、日本語が「母国語」であるのみならず、和食も「母食」であったことがわかる。

台湾では、「要抓住男人的心　先要抓住男人的胃」（男性の心を摑みたいなら、胃袋を先に摑みなさい）と言うことわざがあり、男性を惹き付けるのに、料理上手であることが役立つと言われている。母はその点、父の心をしっかりと摑んでいた。

父の心に入り込める料理が、父と母の意地の張り合いゲームをゲームオーバーにしてくれないだろうか。「伝言係」もそうしたらお役御免になるのに。

だから、雪がいつまでも、いつまでも降り続けばいいのにと当時の私は願った。

一九八四年二月二十一日

民に告げるか告げざるべキか、未だハムレットの心境。

一九八四年二月二十九日

病院食を途中で受け取り、おかずをすり替える。民の食べなさそうなものは和の口の中へ。焼き魚、野菜を補充する。

これはいい感じだ。どうして今迄考えつかなかったのかな。

明日からは違うものを持って行こう。張り合いが出て来たぞ！

母は告知する決心がつかずに悩んでいた。父の無視にも耐え、病院食とすり替えてまで手料理をなんとか食べてもらう方法を探して頑張っていた。母の苦労を私はまったく知らなかった。日記を見て、あらためて母の強さと優しさを知る。

このとき、母は四十歳。ちょうどいまの私と同じ年齢だ。いまの私に、この母の強さの半分もあるのだろうか。

一九八四年三月七日

三回の治療を行なったが、レントゲンの結果、治療効果がないとのこと。これ以上続けても無駄。

片肺は殆ど機能なし。残りの肺も⅔はダメ。退院して自由にするのが良いとのこと。

ようするに、残された余命を自由に暮らせということ。

大分疑っていて、先生にガンではないかと迫ったらしい。納得のいく説明がしづらくて困っておいでだった。

一九八四年三月九日

退院。家だ。いつ迄一緒に居られるのだろう。

父は入退院を繰り返していたが、治療が意味を失う状態になった。

家では毎日ご飯の時間になると、「今日のご飯はどうするの」という母の質問を父に聞くことが日課になった。

答えは決まっていて、「店屋物をとる」「外に出掛ける」「買ってある」のいずれか。一度もみんなで食べようと言うことはなく、一緒に外食へ行くのは私か妹だけだった。どの答えも、母に伝えることはつらかった。

父の部屋は一階の奥の日本間。扉は鍵なんてないただの引き戸。母がその気になれば、いくらでも開くことができたと思う。それでも、その引き戸は鉛の扉よりも重く、誰一人近寄らせない父の固い意志が奥から漏れていて、いつも固く閉ざされていた。

開けることができるのは父自身と伝言係の私と妹だけ。退院してから日に日にその重さは増し、ときには私も引き戸越しに話すしかなかった。それでも妹はまだ小さかったので、引き戸を自由に開いて無邪気に部屋の中に転がりこみ、父とじゃれ合って遊んでいた。

私は学校の春休みを迎えた。

一九八四年三月二十五日
民が妙に、五月連休にスキーをしにいこうと言ったと妙が私に言いに来た。

それなら今、春休み中で学校を休まなくてすむのだから今行こうと言えと伝える。

妙、民とごちゃごちゃいい、いちいち私の意見を聞きにくる。明日スキーを買って行くことになる。

ママも行かないと私も行かないということを言う。伝言は全て妙経由。私には行く必要なしということであるが、妙、窈がママも一緒にということで私も行く。

一九八四年三月二十八日
特急あずさにて白馬へ。

一九八四年四月三日
民、ゆっくりときれいなフォームで滑っていた。疲れるのか、途中で何度も休んでいた。ハァハァ言っている様子がわかる。
夜、酒盛りの会話の中で、民、思わずもらす。
医者というのは、病人がガンだとわかったとたん、曖昧模糊とした言い方になる。せめて元気なうちに、こうやって昔の友人達にあえると思ってさ。などという。

和、席におれなくて、部屋にそっと戻る。ベッドでひとしきり泣く。

家族四人の最後の旅。だから私にとっても家族との一番忘れられない思い出だ。私と妹は父に連れられ神田のスキー屋さんへ。あれよ、あれよと言う間に見立てられて揃えられた新品のスキー用品。真っ赤なスキー板に白いロゴで刻まれた「OGASAKA」の文字。ロボットのようなスキー靴を履かされ、こんなもので何をするのかと不思議に思った。

山好きな父は学生時代、白馬の山にこもり、冬はスキーを楽しんでいた。父の青春が詰まっていた白馬。その特別な場所に私たちを連れて行きたかったのだろう。

一九八四年五月二十七日

民の寝ている布団に寝転んでみる。

布団の薄くなったのにびっくりする。今迄気付かなかった。

これでは背中が痛かろうと、布団屋に行く。

あれこれ迷って、一番上等な物を買い求める。

四万円を三万五千円に負けさせ、シーツ一枚を付けてもらう。

へへ、この値切りは台湾で身につけた中国式の買い物のしかただぞ！

もう一声頑張ってグリーンのシーツをおまけしてくださったのだから、お揃いで枕カバーもどうかしらと旦那ににっこり。

奥さんにはかなわないとつけてくれる。

朝一番の買い物でしょ。今日は一日客の出入りは吉よ！

中国ではね、朝一番にきた客が何も買わないで出て行く事は一日の不入りだといって、客の言い値の通りに売るのよ

と教える。

店主苦笑い。

昼に届く、早速寝てみる。敷き布団一枚四万円の寝心地はどんなかな。

同じようだけど、長い間使っているとどこかが違うのだろう！

民は気付くかな？

不協和音が鳴っていても、日常は普通にやってくる。掃除、洗濯、通学に買い物。母は一人で布団屋に行き、陽気に値引きまでしてもらってお布団を買い込んでいた。本当はどんな気持ちだったのだろうか。そういえば、母の悲しんでいる顔が思い浮かばない。

一九八四年五月三十一日

一つ屋根の下にいるのが辛かった。とにかく外に出て行こう。さて、どこに行こうか。デパートでもブラブラするか。ふと渋谷東急「カリブの熱い夜」が目に入り、開演は十一時五十分。だいぶ間がある。三省堂書店で本を見る。やりきれない。

映画の開演と同時に入る。あたりを見回すと、学生と着飾った有閑おばさんたちが何組かいる。初めて目にする光景だった。

淋しい気持ち。今はやりのくれない族おばさんたちの私も一人だと実感する。きっと私と同じように持て余しているんだなあと、哀れに思えてきた。食事をするのも嫌になって家に帰る。

母がこうやって息抜きをしていたことを初めて知った。読んでいて切なくなる。

一九八四年六月十三日

民、三人が夕食を食べているのを承知の上でそば屋に鴨の煮込み鍋を注文する。

一九八四年六月十六日

民、夕食は子供達を誘って寿司屋に行った。私は家。

私もそうとうな意地っ張りだ。子供達にも悪いことをしてしまった。

「異常な家族」になって半年が過ぎた。「白馬」から戻った後も父と母の対立は続いた。母も頑固、父も頑固だった。

私も母とケンカすると一歩も引かず、かたくなに自分の意志を通そうとするので母に「あんたは頑固だから」と言われてきた。私の頑固さは、両親の血を受け継いだからに違いない。

この頃になると、私はただ母の言葉を伝えるだけでなく、自分の意思で父と一緒に食事に外出するようになっていた。

病気の父とは決まって近くの自由が丘に行った。寿司、天ぷら、蕎麦、なんでも好きなものを頼んで良かったので、一緒の外食は大好きだった。私の学校や友だちの話に黙って頷きながら、日本酒のお銚子を頼んで飲んでいた父がいた。はたから見れば、なんの変哲もない親子の食事に見えていただろう。

そんな幸せなひとときの後も、家に戻れば父はまた戸の向こう側に消えて行く。

父の部屋の戸はいつしかさらに深く固く閉ざされることになった。戸につっかえ棒が加わり、妹でさえも自由に出入りすることができなくなった。一日中、部屋から一歩も出ない状態のときもあった。ウィスキーの瓶や湯呑みがトイレ代わりにされていた。

一九八四年五月二十六日
民、ボストンバッグを持って出かける。
夜帰宅せず。

一九八四年六月十九日
妙、夕食時に学習院報を見ながら、訃報の欄をみてこんな事を言う。

「ママ、もしパパが死んでこういう所に出して貰いたくなかったら、学校にお願いすれば聞いてもらえるかな」

ドキリ！　何かを察しているな！　言葉に窮す。

「変に皆がちやほやしたり、慰めたりするのね、妙ちゃんああいうの嫌いだよ」

と言う。

この言葉を聞いて何だか目頭が熱くなってきた。台所に立つ。

この子なりに何かを感じ取っているんだ。

妙ちゃん、ママはきちんと話をする事ができないけど、ママとパパの不自然な姿は、あなたもきっと解ってもらえる時がくると信じていますからね。

引き戸の向こう側にいる父はときどき、ボストンバッグを持って出掛け、外泊が増え始めた。どこに行っているのか見当もつかなかった。朝早く出て行く父の姿を二階の自分の部屋の窓から眺め、このまま戻ってこないのかと心配になった。

父がいない間に部屋に入り、ボストンバッグの中にあるチケットを夢中で探したこともあった。どこかへ行く往復の切符を見つけたときはホッとして母に伝えた。

一九八四年六月二十一日

朝、いつもの通り支度をしていると、民、いつになく早起き。台湾行きの支度。相変わらず私にも、娘達にも何の言葉もなし。

たまりかねて妙が

「パパ、どこに行くの？」

「ちょっと用事で台湾に行く」と後ろ向きで答える。

窈

「えっ」と言ったきり、黙ってしまう。

妙

「いつ帰るの」

民

「今月中には帰れる」

とタクシーの無線にTEL。着替えて食事もせず、そのままタクシーに乗り込む。
私、妙、窈出る言葉もなく黙っているのみ。
なんたる悲しい光景か！　これが家族か！

家族としては狐につままれたような気持ちになった。重い病の父が一体何の目的でそんな無茶をするのか母も知らなかった。台湾の親戚からは後になって父は自力で動ける間に、台湾に残した仕事の後片付けや残される私たち家族の生活のため、いろいろと手配をしてくれていたと聞いた。日本では、フランス映画の「舞踏会の手帖」のように、各地の旧友に会い、自分が学生時代に過ごした数々の思い出の地を旅していたという。旧友たちは突然連絡がきて現れる父に驚き、誰もがお別れを言いに来たようだったと。

父が台湾に旅立った後の部屋に入ったことがあった。南向きの窓は、陽あたりも良く、外には白樺の緑と白が見えるはずなのに、固く閉ざされた雨戸しか見えなかった。薄暗い中、山積みの本に囲まれ、布団が一組敷かれていた。その横には煙草の吸い殻で山盛りになった灰皿とサントリーのダルマの空き瓶。湯呑みには茶色の液体が入っていて、鼻を近づけるとお酒のにおいがした。

こんな部屋で毎日ご飯を食べていたんだと思ったら、無性に寂しくなった。

引き戸を隔てた隣の部屋には私たちがいるのに。テレビも母の手料理もあるのに。なぜそこまでしなくてはならないのか。私がヘタに伝言係などになるから、こんなことになってしまったのではないかと後悔した。

一九八四年七月六日

先生と面会。一、二ヵ月中の再入院が必要であろう。

現在の状況を正直に話す。その時、ちょっと印象に残った事を先生から話された。色々な医学会があるが、中国系の人達と話をしていると、たまにもういい加減にしてくれ、それならどうすればいいんだ。勝手にしろと思うような時があると言っておられた。

お宅のご主人の場合も、民族性の違いと考えて良いのだろうかということ。とことん自分に納得のいく方向にもっていかなければ受け入れないということであれば、真実を話すことになろうということを話された。

父には「ガンは告知せず」が主流だった時代にガンになってしまった不運さがあったのだと私は思う。

父は病院の先生に対し執拗に真実を知りたいと求めた。私の「なんで」と執拗に聞き続ける性格のルーツはここにあった。

「異常な家族」にも例年通り蟬がうるさく鳴く夏がやってきた。そんな蟬の声を聞くといつも思い出すことがある。

私は一度も父に叱られたことがなかった。それくらい温厚な父がたった一度だけ、蟬の声をかき消すほどの大声で私に怒鳴ったことがあった。

「旅に出掛けるから窈と荷造りをしなさい」と突然、父に言われた。旅行に行けるのは嬉しかったし、スキーのときと同じように母も一緒だと思った。

「ママも行くでしょ?」と聞くと、「ママは行かない!」とヒューヒューとした息づかいの父に、大声で怒鳴られたのだ。

これが、父の荒々しい声を聞いた最初で最後の場面だった。

驚いた私はお得意の「どうして」を連発した。

「どうして」と言えば父が考えを変えるかもしれない気がした。

しかし、父は黙ったまま、何も答えてはくれなかった。

母も「ママはいいから、パパと窈ちゃんと三人で行ってらっしゃい」としか言ってくれなかった。

父と私と妹が旅行に行ったこの時期、母は日記をつけなかった。しかし、旅行で撮った多くの写真を、亡くなる前に父はタイトルと日付をつけて整理してくれていたので、アルバムをめくればそのときの記憶が鮮明によみがえってくる。

八月二十七日、特急「あずさ」に乗って松本まで行き、上高地に入った。夏休みということもあって、どこも家族連れで一杯だった。父は家を出たときから、私と妹の写真をしきりに撮った。新幹線に乗り込むところや駅のプラットフォーム、泊まったホテルや旅館の前、朝食に夕食、そして風景と一緒にどこででもシャッターを押した。

初日は「五千尺旅館」というところに泊まった。翌日は晴れ渡った青空が広がり、絶好の展望が体験できる吊り橋「河童橋」が印象的だった。そして乗鞍。

ここで父は私と妹にこう言った。

「山の麓で待っているから、二人で乗鞍・剣が峰の頂上まで登ってきなさい」

なぜ一緒に登らないのかなんとなくわかった。少し登っただけで息を切らし、苦しそうな父の荒い息づかいが心に引っかかっていたが、理由は聞けなかった。

乗鞍から新穂高へ行き、「日本ライン」に乗って川下りを楽しんだ。犬山城を見て、モンキーセンターにも行った。短時間で、本当にたくさんの場所を回ったと思う。

九月にも、父子三人で奥只見・尾瀬沼への旅に出掛けることになった。

出発前日、父は私と妹にお揃いの「キャラバンシューズ」を買ってくれた。私は「なんてダサイ靴！　こんなの履けないよ〜」とごねて、持って行くのを嫌がった。

父はそんな私を無視して、家からそのキャラバンシューズに登山用の厚手のネルシャツとズボンを穿いて出かけた。そんな父を格好悪く、恥ずかしいと思いながら、上越新幹線に乗った。

浦佐駅まで行き、初日は奥只見の「丸山山荘」に宿泊した。翌日は沼地を通るからということで、父に説得されてキャラバンシューズを履き、沼山峠を出発して尾瀬沼を目指した。道行く人の格好が次第に父と同じようになってきたのでちょっと安心した。

この旅では、生まれて初めて「元長蔵小屋」という山小屋に泊まったことが一番印象に残っている。

ホテルのフカフカのベッドと違い、堅い板の上には大勢の人たちが着のみ着のままで寝ていた。共同トイレに風呂なしの宿泊施設があること自体に驚いたが、まるで修学旅行のようで、ワクワクしてなかなか寝つけなかった。

朝四時。まだ日も昇らないうちに、「朝ご飯を食べてから、ゆっくり窈ちゃんと二人で小屋を出発しなさい」と私に告げて、暗がりの中、父は山小屋から一人で出て行った。寝ぼけた頭で「そんな早く行ってどうするんだろう」とぼんやり思った。

八時に出発した私たちは一時間半も歩かないうちに父に追いついてしまった。明らかに八月の旅行のときよりも父の息づかいが苦しそうだった。追いついてからは、父の歩みに合わせ、何度も何度も何度も何度も、私たちは後方の父を振り返りながら歩いた。

二度の親子三人の旅の写真は五冊のアルバムになった。「ママは心配していただろうから、見せてあげなさい」と言って父は伝言係の私に手渡してくれた。

大好きな場所に、大好きな娘たちを連れて行った父の胸に去来したのはどんな願いだったのだろうか。風景を一緒に見て、写真に残すことで、まだ小さかった私たちに言葉では伝えきれない思いを、大きくなった後の私たちに託したとしか思えない。

この年の十一月、父は日産厚生会玉川病院に入院した。

父のガンが発覚してから、女子医大、がんセンターと転院してきたが、最後に入ったこの病院が温か味があって好きだった。

二子玉川駅からバスに乗り十分ほど経つと、多摩川河岸の高台に出る。閑静な高級住宅街の一角にある三階建ての、横広の建物が玉川病院だ。建物の表側の病棟からは木立、反対側は東京の夜景を一望でき、都会の無機質で威圧的な病院と違い、自然たっぷりの環境に囲まれ、アットホームな優しい気持ちにさせてくれる病院だった。

入院して一カ月後の十二月初めには、病院に大きなクリスマスツリーが飾られた。二十四日が近づくと各病室に真っ白な制服を身にまとった聖歌隊が来て、歌を唄ってくれた。

一九八四年十一月十六日
夕食は妙が作るからと言わせ、食べたいものを聞かせる。
おじやと魚、おひたしがいいとの返事。きれいに食べる。
この家にいるのも今夜が最後になるのかもしれぬのに、親子で揃って食事も出来ず、会話も出来ぬことに、言いようのない淋しさをあじわう。

一九八四年十一月十八日
妙にパパの世話をさせるため、病院に行かせる。妙には早すぎる辛い人生経験だ。

妙が目に涙をためてこらえている。

妙に成増の家から学校に通ってくれないかと説得。

私のことは自分でするからここから通ってはいけないかと言う。

パパのことにこれからはかかりきりになるであろうから、ママは妙ちゃんの事は何もかまってやることができない。

これから寒くなるし、一人でこの家においておくことは心配なので、おばちゃんの家に行ってくれと説得。横を向いて涙をこらえている姿がいじらしい。

窈はあやちゃんの家へ預かって頂こう。

窈は大好きなあやちゃんと一緒に学校へいかれると大喜び。くったくのなさに救われるような、悲しいような。

再び入院した父の体は、二度と家には戻れないと感じてしまうほど、痩せ細り、痛々しかった。

私と妹は学校が終わるといつもセーラー服を着たまま二子玉川駅から病院行きのバスに乗って玉川病院に「帰った」。病院に「帰った」という表現が、私たち姉妹にとってピッタリに思えるのは、宿題があれば父の病室にある机で勉強をし、何もなければマンガやテレビを見たり、学校であったことを話したりして、病室が私たち姉妹の部屋のようになっていたからだった。

ときに父まで宿題を手伝い、話を聞いてくれた。母は黙って座っていた。母が作った料理を病室に持ち込み、一緒に夕食を食べ、面会時間ギリギリまで病室にいた。それが私の日常だった。

父の体調は入院と同時に坂道を転げ落ちるように悪化した。母は看病のため、病院にもっと長い時間いようと、私たち姉妹をそれぞれ別の場所に預けようと考えた。いつもなら大好きなおばの家に行けることを喜んだだろうが、このときは違っていた。

私がおばの家に行ってしまえば、伝言係がいなくなる。父の思い、母の思いは一体誰が伝えると言うのだ。「異常な関係」にあった家族でも、形は残っていた。その形すらなくなってしまう気がして、家に踏みとどまりたいと思った。しかし結局、母の命令で四人はバラバラに暮らすようになった。私と妹は冬休みになるまで、別々の家にお世話になりながら学校に通い、週末だけ病院に行くことになった。

一九八四年十一月二十六日

苦しそうだったので民の肩をさする。久方に触れた。身体の小ささに思わず涙があふれ、さわることが出来なかった。

一九八四年十二月二日

妙からパパに電話。

試験が終わったら毎日病院に行くからと話をしている。

一九八四年十二月三日

入院以来、昼食を持参しているが、黙って食べている。

意地を張る気力も弱まってきたのかと思ったら、淋しくなった。

それでも相変わらず口はきかない。

一九八四年十二月十六日
三舅夫妻民の要請で病院に来る。お二人に遺書めいた事を言ったそうだ。

一九八四年十二月十七日
三舅の家へ行く。昨日民より遺書まがいのものを渡された。その中に葬儀の件と書かれていた。葬式、墓、一切必要なし。骨は好きだった南アルプスや奥白根にでもばらまいてくれとの事。

和枝さんはどう考えるか。骨をばらまく事は日本では禁じられている。葬儀をせずということは気持ちは解るがそうもいくまい。

一応型通りの事はしなくてはなるまい。会社関係諸々ある、民には解ったということで、三舅の考えに沿って取り仕切って良いかとの事。

民の言う通りにしたい旨申し出たが、快い返事なし。不本意ながら承知する。

次に切り出されたのが、私と民との件。

親権者を三舅夫婦に頼むと書かれていたため、びっくりした。

夫婦間の事と思って黙っていたが、どういうケンカをしたか解らんが、男親が死んだ後の親権者はあくまであなただ。これはいくらなんでも承知できない。それで、昨日民の所に足を運び、この件について聞いた。

「夫婦喧嘩はしていない。あれほど頼んでいたのに、家内は俺を騙し続けた。許しがたい、ただそれだけだ」と言う返事を聞いて、おじは今迄の経緯を順序立てて説明し、黙っていたのは和枝さん一人の判断でそうしていたのではない。医者と僕たち回りの者の相談の結果としていたのだ。君はどうして和枝さんの事を理解してやることが出来ないのか。それだけの事で今迄一年間という間、怒り続けていたのかと言ってくれた。

とにかく和枝さん、明日病院に行って黙っていた事を許してくれと言ってきなさい。必ず良い方向に向かうだろうとの事。


三舅夫妻というのは日本に長く住んでおり、父が日本で最も信頼している親戚だった。「舅」とは父方の祖母の兄弟を指し、「三」は三番目の意味。未成年だった私と妹の親権者として父がお願いするほど三舅のことを信頼していたことはわかるが、そこまで無視された母の気持ちを思うと心が痛む。

母はもう怒りを通り越して、諦めた気持ちになっていたのだろうか。

それでも、この三舅夫妻の助言がきっかけとなり、一年以上続いた父と母の無言関係は雪融けの兆しが見えた。

一九八四年十二月十八日

食事の後片付けをしていると、民

「和枝、君が事実を言ってくれなかった。ただそれだけだよ。他に何もない。君だけには事実を言ってもらいたかった」

和、顔を見る事も出来ず、口をきくことも出来ず、後ろ向きになって溢れる涙を拭うことも出来なかった。

「こっちを向いて手を握ってくれ」

嗚咽をこらえるだけで精一杯だった。

三十分程じっとしていた。やっと手を取り、ごめんなさいと一言いうのがやっとだった。

民

「和枝、君だけには言って欲しかったんだよ！　しておきたかったことが沢山あるだろう」

四時近く、窈が来てパパとママの様子が一変して口をきいているのに一瞬戸惑っていた。それでも私と帰る迄はそのことに触れず、パパと話し帰り際、

「ママ、急にパパとお話ししてどうしたの。びっくりしたよ。ママって気が変わる

んだね」と言う。

妙は私が帰って姉に報告しているのを横で聞いていて、すましている。

父と母が会話をした。待ちに待ったはずのこの日のことを、残念ながら私は記憶していない。日記を見て初めて、実は父が亡くなる約一ヵ月前に、伝言係を放免されていたことに気づいた。

本当は泣くほど喜びたかったのだと思うが、気持ちを長い間押し殺してきたから、当時の私は、どう表現して良いのかわからなくなってしまっていた。

だから「すまし顔」で母の電話を聞いていた。そんな私に母も気づいていた。

一九八五年一月十八日

爪にチアノーゼが色こく出ている。

声をふりしぼるように昨晩より

「ちきしょう、正常な姿になりやがった」と言う。

何を意味しているのか解らず、「何」と聞き返すと、

「楽に死ねないのか」と言う。

年が明けると、父は最期の瞬間に着実に近づいていった。


なぜ、父が母を無視し始めたのか。

なぜ、父が母の手料理を食べなくなったのか。

なぜ、旅行に母は一緒に行くことができなくなったのか。

なぜ、父と母は元の姿に戻ったのか。

たくさんの「なぜ」。わからないことだらけだったけれども、解答を父と母の口から直接聞くことは最後までできなかった。

そして、母の日記をここまで読んで初めて「真実」がわかった。

そういうことだったのか。

一番に信じていた母に裏切られ続けたと思っていた父。最愛の人を最後まで守りたかった母。それぞれの思いがすれ違ってしまった。

そして、二人は最後の最後まで、意地を張り合った。お互いが意地を張り通せたのはどこかでやはり相手を信じていたからだとも思う。そうでなければ、もっと早い時点で言いたいことを言ってさっさと別れるか、逆にさっさと和解していたはずだ。

伝言係として両親に使われてきた私も、かなりしぶとかったと思う。スパイの007のように、私にしか知り得ない秘密情報を握っている優越感があったのかもしれない。

一九八五年一月十九日、とうとうその日はやってきた。

病院から戻り、うとうとしていた夜中になぜか急に目が覚めた。母もほぼ同時刻に目を覚ましていた。間もなく病院から電話。父が危篤との知らせだった。

翌二十日午前一時二十五分、父は去っていった。

目に見えないものは一切信じない。霊感的なものにも一切興味がない。そんな私だけれども、この日、急に目が覚めたことだけはどうしても説明がつかない。「虫の知らせ」の存在を認めるべきなのだろうか。

学校はちょうど冬休み前の試験休みだった。葬儀のため学校を休んだりして目立つことはなくてほっとした。父が亡くなったことはそれなりに悲しかったけれども、ドラマで見るような劇的な悲しさはなく、自分でも驚くほど冷静に受け止めていた。

入院して段階を踏んで弱っていく姿をきちんと見ていたし、父が時間をかけて十分に私に伝えたいことを伝えてくれたからだろう。

誰もいなくなった父の部屋にはおびただしい数のガンと死に関する本が並んでいた。

本棚に整然と並べられたそれらの本からは、いまにも父の怒りが飛び出し、私の上に覆いかぶさってきそうな迫力があった。

ガンによる死という運命に抗していたのか。それとも、この悲しい運命の意味をなんとかして知ろうとしたのか。父は何も語らなかった。書き残したものもほとんどなかったと思い込んでいた。

ところがそんな父の遺書が、箱子の中に入っていた。

父が書いた最後の手紙であり、存在することすら知らなかった遺書だった。

これで父の本音、思いがやっとわかる。

高まる期待の中で、そろりと遺書を開いた。

かづ枝

妙　　　　様

窈　　　　　　　　　　　　パパ

パパは自分でもこんなに早く世の中からさようならするとは思いませんでした。窈ちゃんが成人する位までは生きられるのではないかと。これはパパのよくばりでした。

妙ちゃん、窈ちゃん

けんかをしてもよい。ふたりとも元気で大きくなるように。そして自分の好きなことで独立生活できるよう頑張って下さい。

パパがいなくなってから後のことは三舅公、三妗婆に御願ひしてあります。何事も三舅公に御相談申しあげるよう。この事が一番大切です。三人共、元気で頑張るよう。

さようなら

一九八五、一、一、夜

小さいときにやり取りしたときとまったく変わらない文字と旧仮名遣い。この遺書を書いてから二十日後に亡くなった人の文章にはとうてい思えない、淡々とした文面だ。

薄紙一枚に書かれた短い遺書。もっと書きたい思いはなかったのか。もっと一人一人に伝えたかったことはなかったのか。もっと私にいろいろと書き残してほしかった。あまりにもあっさりとした内容で、拍子抜けしてしまった。

でも、よく考えれば私が遺書を書くときも長々と思いを書き綴らないだろう。だって、大切な人には伝えたいことはもう十分伝わっていると思うから。遺書では、できるだけ客観的に、そして必要なことだけを伝えようとした父の気持ちが、いまなら理解できる。

きっと一緒に行った旅行で、すべて思いは伝えたんだよね、パパ。

そう心の中でつぶやき、遺書を封筒に戻した。

睜一隻眼（片目を開き）
失去幸福（幸せを失う）
閉一隻眼（片目を閉じ）
得到自由（自由を得る）

母が逝く

我像萬花筒中的青春　（私はまるで万華鏡の中の青春）
瞬眼就変成另一個我　（瞬く間に違う私に変化する）
単眼看陌生的我　（片目でみれば知らない私）
双眼看熟悉的我　（両目でみればいままでの私）

大学は歯学部に進学した。「どうして歯医者に」とよく聞かれるが、正直に言えば「なりゆき」だった。

最初は心臓移植について書かれた吉村昭の本を読み、心臓外科医になりたくて札幌医科大学に憧れた。尊敬する野口博士の黄熱病治療への貢献を知り、日本で唯一熱帯病研究機関を持つ長崎大学もいいと思った。父が心を病んでいたことから精神科がある大学も考えた。しかし、あまり勉強熱心ではなかった私はどの大学にも入試で振られ、歯学部に流れ着いた。

母は「女の子なのだから、夜勤がない歯科のほうが長続きする」と喜んだ。それに、母は歯が弱かったので、将来、歯の心配をしなくて良くなったと上機嫌だった。コンパにサークル、他校との合コン。大学生活にはそんな期待を抱いていたが、入った大学は最初の一年間を富士山の麓にある山梨県の寮で生活する決まりだった。

東京から何時間か長距離バスに揺られ、送り込まれた寮は、怖いくらい大自然に囲まれた陸の孤島だった。軟派なサークルなど存在せず、あるのは本気の部活動だけ。他校との合コンはもちろんなし。大学の専用バスで山を降りてイトーヨーカ堂に行くことや自動車の教習所に通うことが、ささやかな楽しみになった。

私が入った女子寮には緑色の公衆電話が設置されていた。まだ携帯電話がなかった時代。夜になると電話機の前に長蛇の列ができる。親と話す者、友だちと話す者、彼氏と話す者。声を潜めて喋っている人、ケンカしている人、別れ話なのか泣きながら話す人。電話機のそばでは、いろんな人間模様が見られた。

女子寮の真向かいに男子寮があり、お目当ての女の子に電話がかかってくる。私はいまで言う「癒し系」的なキャラが幸いし、男の子からほぼ毎晩電話がかかってきた。人生最高の「モテ期」だったかもしれない。五台ある電話機すべてが「一青さん」を呼び出す電話で埋まったこともあった。

大学では「一青」という珍しい名前で注目された。三回目の、私が変われるチャンス。誰も過去の私を知らない環境のおかげで少し気持ちが吹っ切れ、心の空が晴れた。なんとかこれを「快晴」に変えたいと思い、長い休みがあるとバックパッカーとして一人で海外を旅した。一人旅に孤独を感じる部分もあるが、旅先では先入観を持たれずにすんだ。「なんでもできるんだ」とたまらなく自由を感じ、一人旅中毒になって世界中を漫遊した。

三峡下りに中国、なんとなくの香港、サイババに会ってみたくてインド、「きっと凄いから」というイメージでカンボジア、ふらりと寄ったマレーシア、綺麗そうだから行ったシンガポール、東と西の接点を見たくてトルコ、ピラミッド見学にエジプト、ピザが食べたくてイタリア、アウシュビッツのあるポーランド、ヨーグルトを食べにブルガリア、内戦中の旧ユーゴスラビア、エーゲ海に憧れてギリシャ、ダリとガウディのスペイン、ケチャを見にバリ、ユーラシア大陸最西端にあるポルトガル。

それぞれ理由はバラバラだが、九十年代前半、基本はユースホステルなど安宿に泊まってバスや船、列車に乗り、ときには野宿もしつつ、物価が安い国をメインにさまよい続けた。物価の高い国は働き始めてから行けばいいと思っていた。

感動もハプニングもたくさんあった。

エジプト、ルクソールのナイル川の川岸から眺めた夕陽の美しさはいまでも目をつむればまぶたの裏に思い浮かぶ。

サイババの手から突如撒き散らされる「白い粉」の真実を見究めたく、行ったインド。世界中から信者が集まっていたのを目撃し、宗教の力の凄さを感じたが、ベンツに乗ったサイババはマジシャンのようにしか見えず、がっかりした。そして、その道中にマイソールで迷子になり、困り果てていた私を助けてくれたインド人のおじさんとは、いまでも文通をしている。

お財布をすられたり、国際学生証をなくしたりする失敗は、フランス、トルコ、中国、ポーランドで発生し、消えたお金はかなりの額に達するだろう。

ハンガリーからブルガリアのソフィアに行こうとした時だ。当時内戦中の旧ユーゴスラビアを列車で通らなければならず、切符売りの中年のおじさんに「死にたいのか」と必死に止められた。それでも行きたいと言い張り、乗り込んだ列車は異様なほど空いていた。ベオグラード駅で大量の家財道具を抱えながら右往左往する人々を見て、身近に戦争を感じた。名も知らぬ小さな駅で停車すると、数人の警官が乗り込んで、何も言わずに同じコンパートメントにいた青年を連行していく場面にも遭遇した。

なんとか生きて辿り着いたブルガリアのヨーグルトは、期待していたよりも普通で気が抜けた。ルーマニアでは、昨日買ったパンが一夜明けたら百倍の値段になり、両替すると片手に納まらない札束を渡されて宿代を払った。

東欧の旅で、社会主義国家と資本主義国家の文明の違いを目の当たりにし、私と彼らの生活の間に横たわる大きなギャップに唖然とした。

ときにはちょっと贅沢な旅もある。妹とスペイン、フランス、ポルトガル、イギリス、イタリア二週間の旅。妹は大のグルメなので、行く先々の美味しいものをリストアップしてくれた。現地語をしゃべることができないのに、なぜかメニューを読みこなせた妹。フランスのジビエ料理、スペインのサングリアにパエリア、イタリアのポルチーニ茸のパスタを味わえたのは全て妹のおかげだ。

中国の「三峡の旅」も忘れられない。切符売り場で一番安い切符を購入したら、遊覧船ではなく、地元民の生活用の船だと乗ってみてわかった。『地球の歩き方』では、重慶から成都まで四泊五日だと書いてあったのに、舟はあちこちに停泊し、重慶までたどり着いたのは八日後のことだった。肥溜めのようなトイレにすっかり参り、食欲はゼロ。寝台の黒ずんだ毛布は、鼻に近づけると、ひどい異臭を放っていた。板張りの床に持参の寝袋に包まって眠るしかなかった。

黒髪の東洋人は異常なほど中近東系の人にモテモテだ。「家を一軒あげるから」とトルコで既に奥さんが五人もいる人から求婚されたこともあった。砂漠でラクダに乗ったら、後ろのガイドさんに胸をわしづかみされ、まだ初々しかった私は「こういう風に乗らないと危険なんだ」と思って耐えた。

数々のピンチをくぐり抜けるのに一番役に立ったのは、医学の知識でも数学や歴史の知識でもなく、幼い頃に覚えた「中国語」だった。

英語が通じない国やどんな辺境でも、チャイナタウンや中華料理店が必ずあり、中国語が話せれば無条件に中華系の人たちと友だちになれた。台湾を離れて約十年が過ぎていたが、世界各地への旅を通し、あらためて台湾人とのハーフであることが私の中でよみがえってきた。


告白すると、大学生活で一番興奮したのが解剖実験だった。自分の体の中身を見ることは絶対に不可能。でも、小さい頃から、体の中身を知りたい、見たい、触りたい欲求は人一倍強かった。

東京で「人体の不思議展」が開催されたときは、真っ先に出掛けた。人体の水分、脂質を合成樹脂に置き換えることで人体の姿を長期保存する技術「プラスティネーション」の凄さに圧倒され、普通の人なら気持ち悪くなるほど生々しい標本の前で、私はずっと立ち止まり、見入っていた。

旅先でも人体に関係する博物館を見つけると、必ず入りたくなる。

人体への執着は、病気で弱っていく父を目撃したことも大きい。

生物には、いつか呼吸を止める瞬間が訪れる。動いている肉体から、動かない物体への変化が「死」だ。父の死で感じ取ったものが、私の好奇心の根底にある。

大学ではシロネズミを学生一人につき一体ずつ解剖し、開腹したネズミの内臓を観察しながらスケッチする授業があった。口から入った食物が運ばれる胃や消化・吸収する小腸、脈打つ心臓などの姿を見ることができ、解剖の授業は実にワクワクした。

開腹スケッチが完了したネズミは骨だけにされ、寮の部屋に持ち帰って骨格標本を作る。ネズミは骨が細いので、パーツも多く、標本を立たせるのがまた一苦労。足の骨の繋ぎ方によって愛嬌のある片足立ちになったり、トリケラトプスのようなニョッとした雰囲気にもなったりする。プラモデルを作るのが好きだった私は夢中になって組み立て、ちょっと内股の可愛らしいネズミの骨格標本を見事完成させた。

カエルの解剖も楽しい。カエルは生命力が強く、開腹して内臓をスケッチしている最中に麻酔が切れ始めると、手足を固定する虫ピンが外れてしまう。開腹されたカエルがゾンビのように教室内をピョンピョン跳ね回り、一騒動になったこともあった。鳥類や哺乳類の体の温かさと違い、両生類のカエルはヒンヤリ、ヌメッとした感じで、その感触がなぜか心地良い。

人体解剖もあった。初日はとても緊張した。先生に呼ばれ、半地下のような暗い教室に行くと、ドラマに出てくるような銀色の台がずらっと並んでいた。室内は薄暗く、ホルマリン独特のツンとした刺激臭が立ちこめている。ホルマリンのプールに浸かっている献体の中から、先生に指示された死体を受け取りに行った。

　大江健三郎の『死者の奢り』を読んでいたので、ホルマリンプールで死体洗いをする稼ぎのいいアルバイトがあることは知っていたが……。血液を抜き取られた解剖用の死体は蝋人形のように思えたが、髪の毛、陰毛などの体毛は生前のまま残っていた。エジプトの博物館で見たラムセス二世のミイラには髪の毛があったことを思い出した。

　解剖にあたり、先輩からは、「太っている献体は脂肪分が多く、内臓の脂肪を取り除いたり、血管や筋肉を探し出したりするのが大変だ。高齢者の献体は細くなり過ぎてこれまたいろんなところがくっついていて見分けるのが大変。解剖した人肉はフライドチキンに似ているからしばらくチキンは食べられなくなるよ」と、事細かくアドバイスを受けていた。

　私の班は八十代の高齢者の女性を担当した。体が小さく、手足もキュッと固まっていたので、先輩に言われた通り、広げるのが大変だった。対照的に、肉付きがいい男性の遺体を担当した班の人たちの手袋はやけに脂ぎっていた。

　授業では毎回「動・静脈」「頸部の筋肉」「内臓」のようにテーマを決め、事前に教科書で勉強した内容に照らし合わせ、組織を切り取りながら、レオナルド・ダ・ヴィンチになった気分でスケッチしていった。実習終了後は、切り取った組織をもとの体に戻し、乾燥しないようホルマリンをふりかけ、ビニールの袋にしまう。

親以外の死体を見たのも触ったのも初めてで、最初に対面したときはさすがに「うわっ」と近寄りがたかったが、三日もすると死体に親近感が湧き、一週間もすると仲間のような気分になった。慣れは恐ろしい。普通に解剖し、休憩をとり、喫煙する人やジュースを飲む人、談笑する人がいて、お腹が減ればフライドチキンを食べた。

医学部は広く浅く、身体のすべてを学ぶのに対して、歯学部は頭頸部にスポットを当て、狭く深く学ぶ。歯のスペシャリストとして当然と言えば当然だが、とにかく勉強内容が細かい。歯科大学は医科大学と同じ六年制。最後の一年間は実際に患者さんに接し、治療を施す臨床実習をおこなう。卒業したら歯科医師国家試験を受け、合格したら晴れて歯科医師になるという流れだ。

日本全国に歯学部は二十九校ある。七校が東京近辺に集中しているため、卒業生が開業するケースも多く、「東京では道を歩けばコンビニか美容院か歯医者にあたる」と言われている。昔は歯科医＝よく稼ぐ職業というイメージがあったかもしれないが、いまでは歯科医の人員過剰によるワーキングプアーまで取りざたされている。昨今、親が歯医者の者以外で歯科大学に入りたがる者は、よほどチャレンジ精神が旺盛な人に違いない。

ただ、私の大学時代は男女雇用機会均等法に触発され、一生続けられる専門職として女性の志願者は十分に多かった。

多忙ながらも平穏な大学生活を送っていると、このまま私は歯学部を卒業し、妹も大学に入り、二人ともいずれ誰かと結婚し、子供を産んで……。そんな風に時が流れていくと思い込んでいた。ところが一九九一年に母が成人病検査を受けたとき、偶然、「食道にポリープがある」と言われて要精密検査となり、検査の結果、ガンが見つかった。

母は父が闘病していた期間のみ日記を書いており、その後は手帳に簡単に毎日の出来事を書き込んでいた。その手帳が箱子の中にあった。私もこの頃手帳に日記をつけていたので、そのときの様子が書いてないか読み直してみた。

母の手帳は、本人のことなのにやけに淡々と、感情を読み取ることが難しいほど事実だけを書いていた。感情的で慌てている私の日記と対照的だった。人は、自分のことには意外に冷静で、他人のことにはかえって冷静でいられないのだろう。

母と私の記録を追いながら、当時の状況を振り返ってみたい。

（母の手帳）
一九九一年三月一日
食道レントゲン

一九九一年三月十三日
胃カメラ

母は見舞いに来ていた人の名前も律儀に書き込んでいた。

一九九一年三月十四日
入院　宇野、窈。午後　妙。

一九九一年三月十五日
入浴　旅行（京都美浜）取止め。妙、窈、宇野。

一九九一年三月十六日
入浴　窈、宇野。

一九九一年三月十七日
窈来院。

（私の日記）

一九九一年三月十三日

どうしよう……今日食道検査で母ポリープだって。来週の火曜日にならないとわからないけど、癌かも。明日から入院。心配。

一九九一年三月十八日

明日結果がわかる。ただの潰瘍だと良いんだけど。

「ママ胃ガンになったみたいだから、妙ちゃん、一緒に先生に話を聞いてもらえるかな」

突然、母から言われた。

父の死から六年余。ガン告知はあのときより一般的になっていたけれども、まだ本人には告げないほうが主流だったと思う。

しかし母の状況はそれを許さなかった。

片親で学生の娘が二人いる身だ。自分に何かあったら、子供たちだけになってしまう。担当医に交渉し、病状の真実について医学の道に進んだ私に告げて欲しい、と頼んでいた。その結果は最悪に近い内容だった。

（母の手帳）

一九九一年三月十九日

妙、宇野さんと診断を聴く。「胃ガン」早期の手術が必要とのこと。

（私の日記）

どうしよう。母食道癌だって。胃全摘。医者にはっきり言われてしまった。まるでドラマのよう。今でも信じられない。とにかく一人で居たくない。

宇野さんは大正生まれで、血縁関係こそないが、母にとってお父さんのような、私と妹にとってはおじいちゃんのような存在の人だ。父の死後、母は職業訓練校に通い、簿記の資格を取り、仕事を始めた。その職場で知り合った個人タクシーの運転手さんで、世田谷の自宅の車庫をタクシーの駐車場として貸していた。私たち母子三人のことを肉親のように可愛がってくれ、母も大事な場面では宇野さんに同席を頼むこともあった。当時は七十歳ぐらいだったが、いまもお元気でたまに連絡を取り合っている。

「ガンは胃の幽門部と食道の部分に広がっていますが、幸い、他部位への転移は見つからなかったため、胃の全摘手術をおこなえば大丈夫でしょう。ただ、大掛かりな手術になるため、入院期間が少し長くなるのと、全摘のため、その後が大変になると思います」

お医者さんの告知は、確かこんな内容だったと思う。

手術できるということは完治するということだと、母娘とも理解したからだろうか。

手術不可能なほど進行していた父のガンとは明らかに状態が違うと感じた。

その場で母は手術することを決断し、入院して約八時間にも及ぶ手術を受けた。

（母の手帳）
一九九一年三月二十日
窈卒業式

（私の日記）
一九九一年三月二十二日
母、元気そう。Ｂｕｔ転移していたらどうしよう。
一九九一年三月二十五日
手術　ＰＭ１：00～ＰＭ８：40

手術七時間半もかかった。胸部迄切開したらしい。一体どんな具合だったんだろう。うまくいったとは言っているが、胃全部みせてもらった。窈ちゃんは血を見るのが苦手だから、摘出された胃を見てやはりショックを受けていた。夜は泊まった。寝られずにつらかった。

術後の母は、「なんか余計なものが取れてスッキリした感じ」と言い放った。強い人だった。持ち前の明るさで、病院内の看護婦さんの間での人気者になっていた。

母は台湾で眉毛に入れ墨をしていた。どんなに化粧を落としても、顔を洗っても、眉毛は綺麗なアーチを描いていたので、看護婦さんたちはえらく羨ましがった。

手術の当日、こんな会話があった。

看護婦「一青さん、手術なんだからお化粧は落として下さい」
母「え、落としてますよ」
看護婦「眉毛が落ちてないじゃないですか」
母「これ入れ墨だから落ちないんです」

眉毛が作り出す顔の印象は意外に大事だ。眉毛がボケていればなんとなく病的な感じを与え、眉毛がはっきりしていれば健康そうなイメージになる。

手術から五日後、母はＩＣＵから一般病棟へ移される。この間、母の姉たちと私が交代で病院に寝泊まりをして看病していた。

四月に入り、私は大学二年生になった。山梨から東京の校舎に移り、家から大学に通えるので、授業の前後の時間は母のいる病院に通った。父が入院していたときを思い出す。あのときと感覚は似ているが、決定的に違っていたのは、母の場合、退院＝完治というゴールがあることだった。

ただ術後の回復は遅く、本当に退院できるのかと心配した。母の手帳は手術前の三月二十四日から二カ月以上何も書き込まれていない。私の日記にも連日「疲れた」という文字がある。学校、家と病院の往復がしんどかったことを思い出す。

六月に入り、母が手帳に文字を書き込む元気が出てきた。

（母の手帳）

一九九一年六月六日

宇野、窈来院。恵比寿にて豪華な夕食をとった楽しい話を聞く。

流動食を夕方食す。

うがいをすると吐き気をもよおす。

一九九一年六月十日
　歩行器を使って歩く練習。
　食欲わかず。点滴一本になる。
一九九一年六月十八日
　左脇腹のドレーンがとれた。あっけない程の取れ方だった。穴は自然治癒。
　あと何日で退院できるかな。

寝たきりの期間が長かったので、母は最初に車椅子を使い、ベッドの手すりに掴まって立つ訓練から始め、時間をかけて自力で歩けるようになった。
食べるものは流動食から徐々に固形食に変わり、ゆっくりだが確実に元気になっていくのがわかった。

(母の手帳)
一九九一年七月一日
　付き添い永末さん今日でお別れ。

「一人立ち」がはじまる。

私も妹も学校があり病院に毎日は泊まれなかったので、母の身の回りの世話は付き添いの方にお願いしていた。

「いつでも眉毛をしっかり描いている一青さん」の入院は思ったより長引いた末、手術から約四ヵ月後にようやく退院した。

家に戻った後は順調に回復していると本人も周囲も思っていた。

一緒にお風呂に入ると「あ〜あ、こんなにぱっくり手術の跡が体についちゃったから、男の人の前で裸になったらびっくりして逃げちゃうわね〜」と冗談を飛ばしていた。

妹はこのとき十五歳。私が父の気持ちを必死に探ろうとしていたときと同じ年頃にあった。母と私は相談し、治るのであれば余計な心配をさせないため、妹には本当の病状を知らせず、「胃潰瘍」と説明していた。こうやって元気になったのだからやはり知らせなくて良かったと、そのときは思っていた。

ところが、手術の翌年の一九九二年の夏に事態は一変する。

高校に上がった妹はアメリカにホームステイに行き、私はヨーロッパを旅行する予定を立てていた。最後は父のおばが住むワシントンに私と妹、そして日本から母が合流し、久々に家族で海外旅行を楽しむはずだった。

しかし、その年の夏はやけに暑くて母は食欲がなく、体重も減って三十四キロになり、栄養点滴のため、入院することになってしまった。

楽しみだった旅行ができなくなった母は不思議な行動に出ていた。私たちが旅行から帰ってくると、家の中の洗濯機、電子レンジ、冷蔵庫、ポット、テレビ、ビデオなど、ありとあらゆる電化製品が新調されていた。

「むしゃくしゃしたから気分転換にね」

驚いた私に、母はさらりと言った。

母は贅沢を避け、値切りに生き甲斐を感じ、大きな買い物は自分では何一つしてこなかった人だ。娘二人が海外に行き、病気で自分の思い通りにならない体調だった母は、父の存命中から使ってきたものに囲まれていた。気分を入れ替えるために、思い切ってすべてを新しくしたかったのだろうか。あるいは、何か予感があったのだろうか。

一青家は石川県にある一青の出身だと前に書いたが、一九四四年に七人きょうだいの末っ子として母が生まれたときには、東京都文京区に暮らしていた。

母方の祖母は戦争中の物不足と混乱の中で運悪く結核を患ってしまい、母を産んでからわずか半年で亡くなった。結核の伝染を恐れて、子供たちは母親と切り離され、最期の夜に一目会えただけで、ほとんど看取ることすら許されなかった。

疎開先の長野県に向かう列車の中で、まだ乳飲み子の母を背負っていた一番上の姉は、お米の粉を水に溶かしたものを与えた。母の冷たくなった足を温めようと触りながら、

「死んでないかしら……」

と心配していたという。

戦争が終わって疎開先から東京に戻ると、文京区の生家は跡形もなくなっていた。一家は新たに北区に家を構えることにした。祖父は交通局の整備士の仕事をしていたため、なんとか生活は維持できたが、七人もいる子供たちのことを考え、母が三歳のときに再婚した。

再婚した人は、戦争未亡人の女性だった。

母以外のきょうだいはみんな「新しいお母さん」が家にやって来たことに戸惑い、素直に受け入れられなかったと記憶している。でも、まだ三歳だった母は物心がつく前だ。母乳が出ない「新しいお母さん」のオッパイに必死に吸い付いた。

このような環境のため、母の兄や姉たちはしっかりとした性格に育ち、自分のことは自分でなんでもできるようになり、早くから自立していった。そのぶん、兄弟姉妹は団結して仲が良く、結婚後も家族同士の付き合いが続いた。おかげで、私と妹もおじやおばたちによく面倒を見てもらった。

母も高校を卒業すると生命保険会社に勤めた。やがて一人暮らしを始め、会社を辞め

て美容学校に通い出した。父と出会う一、二年前のことだった。

私が生まれた翌年の一九七一年に祖父は交通事故で他界し、再婚相手の祖母も一九八〇年に病気で亡くなった。

こんな母の生い立ちについて、私は最近まで聞いたことも聞かされたこともなかった。

私の周囲には、父の過去を語ってくれる人がたくさんいたが、母の過去を語ってくれる人は少なかったからだろう。

私が持っていた母の印象は、いつも笑顔で楽天家。

さっぱりとした性格で誰とでも仲良くなれる人。

弱音を吐かず、泣き言や後ろ向きなことを決して言わない人。

そんな「前向きで、強い人」というイメージだ。

しかし、実際のところ、母の人生はかなり「寂しさ」を感じさせるものだった。

実母を生後すぐに失い、きょうだいたちも早くに巣立ち、父も突然の他界。

夫とは長い長い無言の闘いで終わってしまった結婚生活。

おばたちは「かづ枝が一番本当は寂しい思いをしていたんだと思うわよ」と言う。

四十八歳という若さで生涯を閉じた母の一生に、寂しくない時期があったのだろうか。

勝手に悲観的な想像がいろいろ頭の中でわいてくるたびに、

「そんなに真剣に考えても無駄よ。人生なるようになるんだから。妙ちゃん」

と、私に似た低い声でささやく母の声が、母の好きだった「ケ・セラ・セラ」の曲と共に聞こえてくる。

母は、胃ガンの宣告時に日本尊厳死協会に入会し、「ママが死んでも妙ちゃんと窈ちゃんがケンカしないように、ちゃんと財産のこととか遺書に書いておいたからね」と話していて、実際、遺書も書いていた。

一九九三年の春、手術から二年が過ぎていた。母の体調はあまり良くはなかったが、すっかり母娘とも安心していて、「遺書はもう必要ないね」と話したりしていた。

（私の日記）

一九九三年三月一日

今日、母について病院へ行ったら、いきなり入院だって……

栄養つけるための入院だから心配してないけど……

定期検診のつもりで行った病院。しかし、歩行に困難が出るなど体調不良が明らかな母の様子を見て、病院側は精密検査をおこなうことにした。

（母の手帳）
一九九三年三月三日
背中痛し、歩行困難（朝フルーツヨーグルト、グレープフルーツ）

（私の日記）

一九九三年三月三日
本当今回のテスト勉強は全くしなかった。

午前中病院行って、その足でテスト受けてきた。

母、今日ＣＴスキャン撮って、いきなり脳腫瘍or脳出血だって……原因はまだわからない。

一体どうなるんだろう。


顔見知りのレントゲン技師さんに「行って来ます」と言って検査室に入って行った母。その日、病院の医師からは、歩行困難の原因は脳腫瘍か脳出血の可能性があるが、診断はほかの検査結果を待ちたいと言われた。

病院側も真相を摑めないほど、母の容態の悪化は速かった。

毎年二月末頃から大学が春休みに入る。真面目に試験勉強をしていた私は、再試験に引っかかったことは一度もなかった。そして、春休みは長旅に行くのが慣例だった。

この年もそのつもりで、二月二十六日、学習院時代の友人の運転で成田空港まで送ってもらうところだった。車が習志野料金所にさしかかったところで、大学の友人から携帯に電話がかかってきた。「内科」のテストが不合格で、翌週の再試を受けろとの連絡だった。予定していた中国旅行を諦めて、引き返すことになった。

本当に不本意で悔しかった。しかし、もし旅行に行っていたら、母の死に目には会えなかった。運命など信じない私だが、再試験になったのは、父の死の夜に目が覚めた「虫の知らせ」と同様に、何か特別な意味があったのだろうと思わざるを得ない。

(私の日記)

一九九三年三月五日

診断結果

一九九三年三月七日

一青家集合

一九九三年三月八日
　病院泊
一九九三年三月九日
　ＡＭ７：50　母死亡

入院してからわずか八日後に母は去っていった。大学は春休み中だったから、私は学校を休んで友人に知られることもなかったので気が楽だった。思い返せば、父が亡くなったときは冬休み中だ。他人に同情されることが苦手な私の性格を、両親が気遣ってくれたに違いない。

母が亡くなった一九九三年の手帳を開くと、腰は痛い、胸が苦しい、かったるい、食欲なし、背中の痛みがきつい、息をすると左肩甲骨のあたりが痛い、など、連日、体のどこかが痛いことが書き綴られていた。

私が、あちこちを痛がる母に対し、
「更年期じゃないの？　それもついでに診てもらったら」
と笑ったら、
母は、

「じゃあついでだから、また体力つけるために点滴でもやってもらおうかしら」

と冗談で返していた。

すぐに退院すると信じていたから、母が亡くなる前夜、私はボーイフレンドと遊びに出掛けた。その日は病院に泊まり、翌朝早くに家に荷物を取りに帰ったが、病院へ戻ったとき、すでに母の意識は朦朧としていて、呼びかけても答えが返ってこない状態になっていた。

母はそのまま意識を回復させることなく、息を引き取った。

駆け足で通り過ぎ、見えない粒子線のように消えて行った母。

父の死は徐々に到来したが、母の死は入院からたったの「八日間」しかなかった。あまりにも突然で、悲しむ間すらない。

その後は事務的な葬儀などの手続きに追われた。葬儀の当日は女優のように美しく泣くのかと思っていたが、涙は一滴も出ず、実感もなかった。

母のように強い人間にならなくてはと思い、周囲には明るくふるまってきたが、母の死を境に、私は好物だったステーキの脂身、天ぷらなど、油っこいものを一切受け付けない体質に変わってしまった。そういうものを食べるとゲップが異常に出て、気持ち悪くなって吐き気を催すのだ。精神的なショックはないと心では思っても、体に出ることがあることを、身を以て知った。いまでも脂身や天ぷら、トンカツ類は苦手である。

母の死に関して、胃ガンとは知っていたが、定期検診を受けていたのに転移や再発が見つからず、あっという間に死に至った理由が理解できなかった。

妹はガンということも知らなかったので、母の死をもっと理解できなかったと思う。私は妹に母がガンだと伝えてあげなかったことを後悔した。自分だったら許せないと思うし、その怒りはどこにもぶつけようがない。本当に悪いことをしてしまった。


みなしごハッチのような姉妹二人。それでも、ふだん通りの生活が続いた。

他人の目には、「妹を支えた姉」と「頑張った妹」という美談に映ったかもしれない。正直なところ、そんなに支えても、頑張ってもいない気がする。

母が亡くなった後、妹のお弁当を作ったこともあった。だが、大学の勉強とデート、友だちとの遊びで忙しく、自己犠牲を厭わずに妹の面倒を見た記憶はない。「よくぞぐれずに成長してくれた、妹よ！」という気持ちである。

妹は妹で、いい加減な姉に文句も言わず、私の大学の友だちとカラオケに行ったり、私の彼氏と一緒に出掛けたりして、私に一生懸命くっついていた。

早くに両親を亡くし、失ったものは山ほどあるが、親戚も多く、周囲に支えられ、不自由なく過ごせたというのが本当のところだ。不謹慎かもしれないが、私に対して怒る人も干渉する人もいなくなり、自由になれた気がして、どこか吹っ切れた気分になった。

自分の命に限りがあることを知り、残された者への準備ができた父。

自分の命の終わりを知らず、何もできず逝ってしまった母。

前者は残された者より、自分自身がつらいのだと思う。後者は自分自身より、残された者がつらいのだと思う。

一体どちらが幸せなのか、いくら考えても答えはでない。

自分の人生は自分で決める。私はもうカメレオンのように周囲に合わせて変色するのではなく、自分の色を作ろうと心に決めた。


歯学部の同級生について勝手に私が分析したところ、半分は親が歯医者で、三割は私のように医学部に振られた人、一割は純粋に歯医者になりたい人。残りの一割はただなんとなく来てしまった人という印象だった。同級生の九割は歯医者として臨床医になる道を選び、残りの一割が大学院に進む。大学院でも臨床系に進む人が大半で、基礎系に進む人は変わり者に分類される。

私は臨床実習の経験に基づき、医療とは技術はもとより、患者と話ができることが大切で、しっかりと他者とコミットできる人でないと臨床医になってはいけないと考えた。

私は、他人と必要以上のコミュニケーションを取ることにストレスを感じるタイプ。臨床医には向いていない。大学院の中でカエルとネズミの解剖ができ、中国にも留学したかったので中国の大学と交流のある教室を探した。その結果、条件をすべて満たしている基礎系の中でもマイナー中のマイナーである口腔生理学教室に進学した。

研究テーマは「Aδ神経線維刺激による脊髄内ノルアドレナリン量の増加における青斑核の関与」。難しそうな研究課題だが、要は、痛みを与えたときの変化を研究し、歯科治療の最大の敵である「痛み」の解消を目指す実験だった。一人で完結できる実験は私の性格にぴったりで、好きな時間に研究室に通い、好きなように過ごす日々が流れていった。

そんな恵まれた環境の下、同時通訳の中国語を学びに行ったり、バレエ教室に通ったりと、大学院にいながらいろいろなことに手を出した。

その中の一つに、芸能活動があった。

妹は大学に入り、ほぼ同時期に歌手を志し、デモテープをレコード会社に送っていた。当時、金城武やビビアン・スーのように日本で活躍する台湾出身のスターを目にし、私も台湾出身だから映画やドラマに出られたら楽しいだろうと極めて単純に考え、試しにいくつか芸能事務所のオーディションを受けてみた。

年が二十五歳を超えていたのでホリプロ、スターダスト、オスカーのような若い人材を十代から育成する大手事務所は年齢制限でダメ。それでも、小さなプロダクションに意外にすんなり決まった。事務所ではテレビやドラマを希望したが、仕事が何もないまま半年が過ぎた後、舞台に出られるチャンスが回ってきた。舞台役者の先生が来て、腹筋、背筋、そして「アメンボ赤いなあいうえお」「新春シャンソンショー」や「外郎売」で発声練習や滑舌のトレーニングを受けた。

いつになったら志村けんと一緒に「台湾にいこう」のCMに出演できるのだろう?

いつになったら日台合作映画に出られるのだろう?

甘いことを心の中で思いながら稽古を続けていると、舞台に興味を持てない事務所仲間たちが次々と辞めていく中、私は逆に舞台に対して肌に合うものを感じていた。

私は「カメレオン」のように他人に合わせるのが上手な性格だ。他人に嫌われるようなことは極力避ける癖があり、嫌いな人に嫌いと言ったこともない。

一九九六年に私が初めて舞台で演じたのはきつい性格の教師役で、私が苦手とすることも躊躇なく言い放つ役柄。一青妙が一青妙でなく、別の人を演じ、言いたいことが言える。仕事をしながら、旅の最中に味わった「自由」を感じることができたのだ。

私が好きになったのは東京の下北沢が中心の小劇場タイプの演劇で、お客さんの数は五十人からせいぜい二百人くらい。この規模だと役者はマイクを使わずに生の声で台詞を観客に伝えられる。観客がどの台詞で笑い、感動し、どの役者を見ているか、直に感じることができる。

一説によると、東京だけで劇団は千八百団体以上あり、毎日どこかで芝居が上演されている。日本は世界でも珍しい演劇大国だ。ＮＹのオフブロードウェイでもそんなに劇団の数はない。しかし、現実には演劇にかかわる大半の人々が、演劇では食えず、居酒屋やカラオケ店、コンビニのレジ打ちのような仕事をしている。ただ、私には臨時アルバイトの口に歯医者があった。

かなり時給のいい仕事だったので、歯医者になって初めて「得した」と思った。目標は大好きな三谷幸喜さんの舞台に出ること。そんな夢を抱きながらも、きちんとした収入を舞台で得られていたわけではなかったので、周囲には役者という仕事を始めたことは内緒にしていた。

しかし、ある日、彼氏が勝手に舞台公演を周囲に告知してしまった。観に来てくれた妹や友人など私を知る知人はみな、

「あんなに大声でるんだ。びっくりした」

「人前で泣いたりできるんだ。意外」

「お姉ちゃん、舞台の上で凄く楽しそうだったね」

など、口々に感想を言ってくれた。ふだんは感情表現がフラットな私の変貌に、みんな驚いていた。

舞台を始めて三、四年経ってようやくカミングアウトでき、他人との接し方にも変化をつけることができるようになった。勝手に告知した彼氏にひそかに感謝した。歯科医

と役者というまったく異なる二つの世界を行き来することが性に合ったのかもしれない。

歯科医の仕事も楽しく、忙しくても二足のわらじの生活をエンジョイしている間にテレビなどの仕事も増え始めた。と言っても「再現ドラマ」のような小さな仕事が最初はほとんど。日当一万円にも満たない給料で、日が昇る前から夜中まで引っ張られるケースも多い。監督自身も一人何役もこなし、役者は衣装も小道具も自分の持ち込みを使うしかない。本当にくたびれて、もうやめようかなと何回も思った。

「役者は待つのが仕事」とよく言われる。撮影現場は特に待つことが多い。主役であっても基本的には撮影機材の調整が終わってからでないと撮影に入れない以上、どうしても待つことが多くなる。「待ち」がほとんど必要ない舞台に比べ、テレビの仕事には馴染めない部分があった。舞台では順番通り物語を追って演じるが、ドラマや映画ではセットやお天気次第でシーンを順不同で撮影する。前後関係の途切れた場面を同じ日に演じ、笑った後に泣き、別れたはずなのに仲の良いシーンを演じることもざらにある。

歯科医院の患者さんも舞台に足を運んでくれて、「次の公演はいつですか?」「最近病院にずっと出ているから、舞台の仕事がないんじゃない？　大丈夫」と声をかけてくれるようになった。私のように、少し変わっていてわがままな人がいても、最後は周囲がなんとなくその人に慣れてくれるということも知った。

昼ドラの仕事、アニメの声優、翻訳監修、ナレーションなど、持ち前の器用貧乏をフルに生かし、多くの仕事をしてみたが、自分から最も遠い世界だと思ったのがテレビのバラエティ番組だ。芸人さんの頭の回転の速さ、司会の気配りの細やかさ、スタッフの盛り上げ上手さなどを目の当たりにすると、私は何を話したか記憶にないほど気後れした。何度か出てみたものの、オンエアでは私が話している場面がほとんど放送されずに終わっていた。

放送終了後、友だちからは、

「妙ちゃん出ていたけどなんにも話していなかったね」

「妙ちゃん出てた?」

などと言われた。

私はたぶんバラエティ不適合者。自分でそう思うし、味方であるマネージャーからも「もう出ないほうがいいですよ」と同情された。

「歯医者」は一応、国家試験に合格しないと名乗れない。合格すれば「先生」という地位を確立できる。それなりに時間も学費もかけている。

一方、「女優」という職業は試験も資格もなく、自分で名乗るだけで良い。逆に、それが厳しさでもある。常に激しい競争にさらされ、いつ仕事が入ってくるかもわからず、生活は不安定だ。「女優」という職業は一定の基準がないからこそ難しい。きちんとレールが敷かれる「歯医者」のほうが、その気さえあれば簡単になれると思う。

演劇の世界では歯医者と兼業する人間は珍しがられ、共演者やスタッフからは必ず「役者なんか不安定な仕事やめて、歯医者やるほうが絶対にいいよ」と忠告される。確かにその通りかもしれない。

けれども、植木等の「わかっちゃいるけどやめられない〜」ではないが、「歯医者」と「女優」という二足のわらじをまだまだ履き続けていきたいと思っている。

変化之中的我　（変化している私は）
又迷入萬花筒　（再び万華鏡の中に迷い込む）
離我最遥遠的是自己　（私から一番遠いのは私自身）
靠我最接近的是自己　（私から一番近いのは私自身）

顔家物語

過去的我　　（いままでの私は）
就像断線風箏　　（糸の切れた凧のよう）

倒置沙漏　　（砂時計を倒し）
呼喚心中的記憶　　（心の記憶を思い出し）
呼喚家郷的味道　　（故郷の味を思い出す）

滴滴答答　　（ティクタク）
滴滴答答　　（ティクタク）

毎年夏休みか冬休みは海外旅行に行くことが慣例となっている。そしてせっかく海外旅行に行くならば目新しい場所にしたいと思い、いつも台湾は避けていた。

二〇〇六年の夏、今年は久しぶりにヨーロッパでも行こうかなと、インターネットで格安チケットを検索したが、出発まで日数があまりなかったせいか、安いチケットは売り切れていた。

わざわざ三十万円以上払ってまでヨーロッパに行く気にはならない。だからといって一年で一番の楽しみである海外旅行を諦める気にもならなかった。十万円以下で行ける場所はないかと探したが、夏休み真っ盛りだ。チケット代もピーク料金で、そう簡単には見つからない。最終的に私の行きたい条件でヒットしたのは台湾だけだった。

いままで台湾と言えば、親戚に会うことが一番の目的で、訪れるのは台北市内のみ。それも実家のあった台北市の新生南路という一帯以外に足を延ばすことはほとんどなかった。まして、小さい頃住んでいた台湾に、純粋に観光で行きたいと思うはずもない。

海外を諦めるか否か悩んだ末、五年ぶりに台湾に行くことにした。

私は大の中華航空ファンである。両親がまだ健在だったとき、台湾に行くときは必ずナショナルフラッグシップであった中華航空を使っていたので、ほかの航空会社で行こうというオプションが最初からなかった。

知り合いに中華航空が好きだと言うと、

「あんな危ない会社よく乗れるね」と驚かれる。

中華航空はナショナルフラッグでありながら、確かに重大事故が多い。実は台湾人からも、敬遠されがちな航空会社だ。

機体も古く、座席はお世辞にも綺麗とは言えない。でも私は、機体にある台湾の国花の梅の花のマークを目にすると、なんとなく懐かしくなる。


台湾は沖縄より南に位置する亜熱帯の南国である。機窓から見える景色は、南国リゾート地にあるようなどこまでも澄み渡った空とは異なり、粉塵をまぜたようなグレーがかった青空。それは肌に絡み付きそうな湿気を含んだ汗臭さを予感させた。

「嫌だな〜。暑いんだろうな〜。やっぱり来るんじゃなかった」

そんな思いが何度も脳裏をよぎった。

私は台湾に住んでいたせいか、人から「台湾に行くなら何月頃が良い？」と聞かれることが多い。そのたびに「七月から九月は絶対に行かないほうが良いよ。暑すぎて、何もする気になれないし、人が近寄るだけで嫌だと思うからね」と答えていた。

その本人が、よりによって七月の台湾に来たのだからどうしようもない。

成田空港から中華航空で出発し、桃園の中正国際空港に降り立った。

私の記憶にあった中正国際空港は、ごちゃっとした雑多な感じでほど良く古い印象だったが、着陸したのはガランとして床がピカピカの新しいターミナルだった。何年か前に完成したらしく、それまでのターミナルは、主に国内線向けになっていたことを後で知った。

空港から台北市内に向かおうとして、困った。家の用事で台湾に行くときはいつもあらかじめ親戚に知らせていたため、会社の車が迎えに来てくれていた。自力でどうやって市内に出たらいいのかわからなかったのだ。

インフォメーションで、空港から台北市内まではタクシーかバスで行く方法を紹介された。市内まで約一時間で百五十元（約四百五十円）という安さが気に入り、バスを選んでみた。きっとボロボロのバスなんだろうと思ったら大間違い。日本の長距離バスに負けないくらい座席が広く、足置きもある。テレビやシャンデリアまであり、ちょっとした観光バスのようだった。初めて乗る空港バスは新鮮で、かなりお得感があった。

バスは空港から一路高速を走り、市内に近づいて行く。東京で見る木々の緑よりも遥かに色が深い。緑色の髭を生やしたような南国っぽい木々。台湾は南の島だったんだとあらためて実感した。

「汽車修理」（自動車修理）
「豆花」（大豆原料のデザートの一種で豆腐花とも言う）

「飯店」（ホテル）
「餐廳」（レストラン）
「台灣銀行」（台湾銀行）
「檳榔」（ビンロウ。眠気覚ましに台湾で食べられる木の実）

「繁体字」という難しい漢字を使ったたくさんの看板が目に飛び込んできた。

頭の中の記憶が、少しずつよみがえってくるような感覚に包まれる。

台北市の北のはずれの山の上に建つ真っ赤な中国式の建造物が視界に入った。蔣介石夫人の宋美齢が愛した「圓山大飯店」だ。

台北市の目抜き通りの中山北路にバスがさしかかると、昔よく家族で食事に行った国賓大飯店（アンバサダーホテル）があった。懐かしい。スーツ姿でないサラリーマンにハイヒールを履いていないＯＬさんたち。日本とはどこか街の風景が違う。道路一面を占拠した黄色いタクシーとおびただしい数のスクーター。そして道端の屋台。そう、これが台湾だ。

目を閉じて静かに思い出した。

変わったもの、変わらないもの。どっちもある。

私が住んでいた一九七〇年代の台湾の風景といろんなものがどんどん重なりあってい

った。空港から台北市内までのバスの旅は、私をタイムマシーンに乗っているような気持ちにさせた。

台北駅に到着すると、ヤカンから吹き出した湯気のようなモワッと湿気を含む空気を吸い込んだ。遠くに目を移すと、見たこともない高いビルがそびえ立っている。二〇〇四年に完成したときは世界一高いビルだった「台北101」だ。

台北駅には、以前はなかった地下鉄の看板もあった。大きな地下街も出来ていた。

路線バスには、綺麗な女優さんの化粧品の全面広告が貼られ、車内冷房が利いているのか、乗客は気持ち良さそうに座っていた。私の覚えている昔のバスは、床から道路が見え隠れする粗末なものだった。冷房はなく、後ろに切符切りのお姉さんがいて、無理矢理飛び乗ってくる人の切符をさばきながら、大声で次の停留所の名前を叫んでいた。まるでインドの列車のように人が外にはみ出すほどぎゅうぎゅうに満員だったバスは、もう台北を走っていなかった。

記憶と重なっていた風景が徐々にずれていく。

通っていた幼稚園があると思っていた場所に向かってみたが、何も見当たらず、近所の人に聞いてみたら、その場所に「そんな幼稚園は元からない」と言われた。

自分の記憶が曖昧なことに気づき、年月の経過をあらためて気づかされる。知り過ぎていたからもう来る必要はない、来ても見るところなんてないと思っていた故郷は、違う顔を持っている場所になっていたのだった。

モノクロの記憶の中の場所を現代のカラーの風景で見たいと思った。

父が大好きだった「鶏そば」。小さい頃、家から歩いて十五分位の距離で、父の会社のすぐ横にあったお店だ。母がかなりの頻度で出掛けていって、銀色の二段になったお弁当箱のような手提げの器に「鶏そば」を入れて持ち帰った。母が行けないときは私が銀色の容器を手に提げて買いに行かされた。

当時は、古い二階建てのお店で、一階の片隅に小籠包やおそばを茹でる厨房があり、小さなテーブルが並んでいた。手提げの器を出して「ジータンミエン（鶏湯麺）」と頼むと、店の人は下の段にスープを入れ、上の段におそばを入れてくれた。家に帰ってからおそばを取り出し、下の熱々のスープをかけて食べるのだが、スープに入っている鶏肉がくたくたに柔らかく煮込まれていて最高に美味しい。幼い私は、この鶏肉を父から少し分けてもらうのが何よりの楽しみだった。

当時はお店の名前など気にしておらず、完全に忘れていた。二十数年ぶりに訪ねてみると、看板を見て、いま日本人観光客に大人気の小籠包の店「鼎泰豐」だったことがわかった。場所は確かに一緒。待つ人は番号札を引き、その番号が電光掲示板で表示されるほど繁盛していて、お店は四階建ての立派なビルに建て替えられていた。

店に入り、「鶏そば」を注文した。出て来た「鶏そば」の味は当時のままで、やはり美味しかった。お店の外観は記憶と重ならなかったが、味は重なった。

自分がかつて通っていた「復興小学」に行ってみた。いつもスクールバスか、運転手の「蔡司機（蔡運転手）」に連れて行ってもらっていた。家から近いと思っていたが、実際はかなり遠かった。モノクロの復興小学も「鶏そば」のお店と一緒で、綺麗に建て替えられていた。普通のコンクリート色だった校舎は、いまや立派なレンガの校舎になっていた。

学校の裏手にはあまり綺麗とは言えない屋台がいくつも軒を連ねていて、蔡司機と一緒に買って食べた「冰淇淋」（アイスクリーム）のお店や、お弁当にときどき入れてもらっていた「排骨飯（スペアリブご飯）」のお店は跡形もなく、住宅街になっていた。

昔住んでいた四階建てのマンションに向かった。建物はそのままだったが、一階が託児所になっていた。外から住んでいた二階を見上げると、当時と同じブランコとオモチャが置いてあって、子供たちの溜まり場となっていたあのベランダがそのまま見えた。入り口のジメッとしたにおいは相変わらず。扉を開ければ、豆乳を買って階段を駆け上がった自分に出会えそうな気がした。

夜市にも行ってみた。あの頃の屋台は泥水のようなバケツの水で、端が欠けている食器をじゃぶじゃぶ洗っていた。いまの屋台は使い捨てのお箸にプラスチックの食器。食べ終わった食器にも水道水をふんだんにかけて洗っていた。著しく衛生環境が改善され、本当にびっくりした。夜市で「臭豆腐（発酵させた文字通り臭いのきつい豆腐）」「豆漿（豆乳）」「蚵仔麵線（カキそば）」など、台湾の小吃（軽食）を食べると、モノクロとカラーの境界がなくなった。小さい頃に慣れ親しんだ味はまったくと言っていいほど変わっていなかった。

私の記憶の中に生きていた過去の味とにおい。時は過ぎて多少形が変わっていた部分もあったが、現在にも通じていることがわかった。不本意なはずの台湾旅行は一転してとても楽しいものになり、もっと新しい台湾を知りたいと思った。

巡り合わせは不思議なもので、台湾へ関心が向き始めた二〇〇六年の秋、親戚（父の弟たち）から私のところに頻繁に連絡が入るようになった。

顔家の父方の親戚はそれぞれアメリカ、日本、台湾に住んでいるが、アメリカにいる親戚たちから最初にコンタクトがあり、台湾、日本の親戚たちまで連絡をくれた。用件は、実は台湾で親族会議をやるから、亡くなった顔恵民（父）の後継者として、会議に参加してほしいという要請だった。

「何のための会議？」

と聞いたら、

「もうすぐ会社（顔家の）の役員改選があるから、そのための会議だ」とのこと。

父のすぐ下の弟のおじが社長の座について二十数年経っていた。その間、株主配当はまともにされず、株主である兄弟姉妹に意見を聞かずに勝手にドル箱だったバス会社を売却してしまったこともあり、経営方針への不満が一族の間に広がっていた。次の役員改選のときに、現状不満派のきょうだいたちが、社長を代えようと動いていたのだった。

「え？　それってクーデター⁉」

心の中で叫んだ。

台湾の顔家の会社については、父の死後どうなっているのか気にしたこともなかった。クーデター計画を知って戸惑いもあったが、山崎豊子の『華麗なる一族』の中での大同銀行のお家騒動を思い出した。有名企業のごたごた騒ぎの情景が頭の中でクルクル回り、ドラマのような展開になるんじゃないかと想像し、ちょっとだけ興奮した。

顔家はもともと金鉱と炭鉱で大きくなり、閉山後、バス会社、海運会社など多角経営をおこなってきたが、いまではそのほとんどがなくなっていて、金鉱と炭鉱のあった九份の不動産管理と合金を生産している工場を持つだけの会社になってしまっている。

それでもかつては台湾の五大家族と呼ばれた名家。滅多に味わえない経験ができるのではと思った。私は、久々の台湾旅行から戻って約一年後の二〇〇七年の夏、今度は「顔家長男の家の代表」として台湾に戻ることになった。

祖父が子供たちに一戸ずつ分け与えたいという思いから、もとの一軒家を壊して建て直した六階建てのマンションの一室が、話し合いの現場となった。

マンション各戸の作りは同じになっていて、現在、おじとおばがそれぞれ二人ずつ、それから従兄弟が二人住んでいるから、ほぼ身内しか住んでいないマンションだ。

不動産に強い興味を持っている私は、見知らぬ土地に行くと、その場所の不動産屋を覗いて回ることをちょっとした楽しみにしている。買うふりをしていろいろとその土地の情報を聞き出すのは楽しく、生活水準や、人の考え方もよくわかる。

久しぶりに台湾に戻ったときも、ちゃっかり不動産屋に立ち寄っていた。台湾は土地が少ないせいか、住宅事情は東京より厳しい。大卒の平均給与が十五万円くらいなのに対し、台北の新築マンションはほぼ五千万円を切らない。住宅を自分で買うことは夢のまた夢ということになっていることがわかった。

もともと祖父が建ててくれたマンションはそんなに広いと感じなかったが、あらためて見ると大型の4SLDKの贅沢な造りで一戸あたり約六十坪もある。こうした家を台湾では「豪宅」と呼ぶ。日本で言うところの億ションだ。

親族会議の会場となったこのマンションに、もう亡くなってしまったが、かつてよく面倒を見てもらった長女の大姑姑（おばさん）の翠華おばちゃんも住んでいた。

「翠華」という名前なので、誰からも日本語読みで「すいかちゃん」と呼ばれていた大姑姑は、本当に世話好きで、丸顔でいつもニコニコしているとてもチャーミングな人だった。

日本語がうまく、台湾に嫁いだ母の一番の話し相手だった。大姑姑は友だちが多く、電話が大好きで、起きてから寝るまで、トイレや食事、外出の用事がない限り、いつも受話器を握りしめ、友人と話し込んでいることで親族間でも有名だった。

コードレスがまだない黒電話の時代に、座り込んで話し続けること二時間は朝飯前。トイレのために一度切ってまたかけ直して合計五時間ということもあるぐらいの電話魔だ。いつかけても電話中なので、つながらないときは同じマンションの五階に住んでいる大姑姑の妹に連絡し、電話を一度切ってもらうようお願いすることが暗黙の了解になっていた。実際、私も日本から大姑姑に用があるときは、まず五階に電話をしていたのを覚えている。

大姑姑の家には、顔家の先祖の位牌が祭られていた。日本で言う仏壇だ。仏壇がある家に育ったことのない私は、お線香をあげて、お供え物をすることに慣れていないが、一年の内、約二十日ほどは、先祖代々の命日やら、私の父の命日等、顔家と関係のあるなんとかの日ということで、大姑姑は先祖の位牌を守り、拜拜（お線香をあげ、供養すること）をしてくれていたのだった。

「してくれていた」と言う理由は、本来ならこれをやるのは一家の長である私の父の役割だが、我が家は日本に移住してしまい、父も亡くなり、以来、台湾にいる長女の大姑姑に任せっきりだったからである。

仏壇以外に、祖父や祖母の時代にあった置物や写真なども置いてある。大姑姑がものを大切にしていると言えば聞こえは良いが、どう処分して良いかもはや判断がつかなくなっているガラクタのような代物も多いようだった。

大姑姑が亡くなった後、家に入って驚いたのだが、カサは百本はあっただろうか。ほかにも、いったい何人のお客さんが来るんだというような大量の食器。KAWAIのグランドピアノは、誰かが弾いているところを見たことがなかった。

三十年も前に母が日本から持って行った日本製の羽毛布団も、高級品ということで丁寧に保存してくれていたが、肌にかけたらたちまちダニにやられそうな感じがした。

大姑姑宛てのお土産品の数々は、袋や箱も開けられていない。電話しか興味がなかったのか、お金持ちの家に生まれても装飾品や衣類には興味がなかったことがよくわかる。

そんな大姑姑がかつて住んでいた部屋で、いささか大げさながら、顔家の運命を左右する重要な親族会議が開かれた。

六十代、七十代のおじやおばたちの中でたった一人、三十代の私は、彼らから見れば自分の息子や娘より若く、子供みたいなもの。誰からも「たえちゃん」と呼ばれている私が話し合いに参加したわけで、最初は結構緊張した。

長い間会っていなかった親戚が大半だったので、関係性を頭の中で整理するところから始めなければならない。長時間中国語を話すことも久しくなかったので、最初は聞き取ることだけで精一杯だった。

みんなからは「妙ちゃんは十代前半の頃とほとんど変わらない」と言われた。喜ぶべきかどうか困惑しながらも、久しぶりに集まった親戚のおじちゃん、おばちゃんには、小さいときの記憶のままの人もいれば、「誰だっけこの人」というような人もいた。「顔家クーデター」劇の登場人物は私を含めて十人。私を除いて、ほぼ全員が顔家の役員である。

クーデターを計画したのは、アメリカにいた父の弟にあたる六男と七男、それから父の妹にあたる二女のおば。つまり「米国派」である。

一方、当時の「体制派」は、台湾で会社経営に役員として携わっていた次男と三男。この次男が長年董事長（代表取締役）を務めて、顔家企業の経営を一手に取り仕切っていた。日本に住んでいる五男のおじも経営にはほとんどタッチしていなかったが「体制派」の中にいた。

台湾にいる二人のおば（三番目と四番目の妹）、亡くなった四男のおじの台湾人の奥さん、そして日本から駆けつけた私。この四人は、いわば「中間派」ということになる。

三人の「体制派」と三人の「米国派」が闘って、私たち四人の「中間派」をどうやって取り込むか、必死の多数派工作が展開されたのである。

電話魔＝大姑姑の家で顔家のクーデター物語は始まり、約一年後に訪れる運命の役員改選の日まで、クーデターの一部始終を再現してみたい。

■第一話「前夜祭・懐かしい再会」

二〇〇七年八月。台湾はうだるような暑さだった。

親族十人による会議が予定されている前日、社長を除いた九人が集まった。全員の共通言語は中国語。そのほか、英語、日本語、台湾語が入り交じり、かなり国際色豊かな雰囲気が漂う。

会議と言っても兄弟姉妹か親戚同士。久しぶりの懐かしい再会であることには違いない。私にとっては十年以上会っていなかったアメリカから帰国したおじやおばもいるので、まずは互いの近況報告から始まった。

思い出話に花を咲かす人もいれば、私たち姉妹のことを小さい頃から見てくれていたおばはこんな風に声をかけてくれた。

おばA「窈ちゃん怎麼樣？（窈ちゃんはどんな感じ？）」

おばB「姉妹両個人、要好好的照顧才行（姉妹二人で、仲良くしなきゃね）」

妙「她現在正在開演唱会（いま彼女はちょうどコンサートをしてるの）」

ほかにも、マンションの水道管の修理がどうのこうのとまったく関係ないことを言い出す人もいたり、まさに喧々囂々。米国から台湾までは飛行機で十時間近くかかるので、米国組は真面目に話を進めたがったが、台湾組はそういう意識がないのか、ふだんの延長線上の気分で会話が脇道にそれることが多く、賑やかになりがちだった。

司会・進行役の米国組のおばが何度も、

「好了、好了。安静一點」（わかったから、わかったから。ちょっと静かにしていて頂戴）

と全体をたしなめていた。

私は昔の思い出話にも真面目な話にも適度に参加しながら、どっちつかずの中間派のポジションに位置していた。

会議の議題の中心は明日からの本会議を目の前にして、社長がいかに長年利益を独占し、ワンマンだったのかということに絞られていた。

特に社長であるおじが顔家ビジネスの主軸となっていた「台北客運」というバス会社を売却してしまっていたことが問題の焦点となった。

「台北客運」は約四十年前、炭鉱業が斜陽産業になりつつある時期に始めた会社で、最初は四十台のバスから発足し、最後には八百台に増えて、主に台北市内と基隆など台湾北部を結び毎日三十五万人の乗客を運んでいた大手のバス会社だ。

私はいつも台湾に戻ったとき、車体の「台北客運」の文字を見ると、なんだかちょっと誇らしい気分になっていた。

台湾では主要な交通手段といえばバスである。細かく各地を網羅しており、バス専用車線もあるので渋滞知らず。地下鉄が出来たいまでも、多くの人がバスを変わらずに利用しているから、バス会社はまだまだ伸びると親族の誰もが思っていた。

社長が二〇〇六年にバス会社をライバル会社の首都客運に売却したとき、

「基隆顔家台北客運　首都接手」（基隆顔家の台北客運　首都によって引き継がれる）

という見出しが、新聞に大きく躍ったものだった。

顔家にとって命綱のような会社を売却するなんて、事前に聞いてないし、そんなことがあるはずがないと最初は誰もが思ったが、実際に売却はおこなわれてしまっていた。しかも、その売却益を株主に還元するのが当然なのだが、顔家の株主には一切の配当がなかった。会社を売った社長がこっそり大金を手にしたのではないかとか、いや、社長は最近体調がすぐれないから、夫人が実権を握り夫も知らないところで話を進めたのではないかとか、もらったお金でベンツや家を購入したのではないかとか、ゴシップ雑誌に書かれかねない面白い噂話がたくさん流れてきた。

会議は、こうした社長一家への批判で大いに盛り上がった。

社長一家の携帯料金や交通費まで会社負担で、おばの一人は、「連内褲都用我們的銭去買！」（パンツまで私たちのお金で購入しているのよ！）とヒートアップした。

また、一家の長が代々の位牌を守るべき立場なのに、その義務を忘れて、きちんとご先祖様を祭っていないという批判も出て、これから先、位牌の管理を誰がやるべきか、ということも議題に上がった。

私にとって、こうやって親族で集まり、台湾語のやり取りを聞かされ、なんとか中国語で答えながら、日本語の会話にも応じるという多言語を使う感覚は、幼少期に台湾で体験したものと同じだった。

当時と違ったのは、あのときより多少自分の意見を発言できるようになり、我慢する必要がなくなったことだった。

討議の末、ワンマンな社長による不透明な会社経営はもう止めて欲しいという結論に至り、社長の交代に対しては賛成、反対に分かれた。

会議終了後は、久々に大人数で中華料理の円卓を囲んだ。

メニューを決めるのはアメリカ帰りのおじの仕事。おじはアメリカでホテル経営をしている。自分のホテルで厨房に入り、味を確かめていたほどのグルメだ。素人じゃないから、安心して任せられた。

顔家の人は小さい頃から食材豊富な台湾に育ち、美味しいものを食べていたから本物の味を知っていて、舌が肥えている。私が大人になってから台湾に戻ったときは、いつもお客さん扱いで、必ず一度はこのおじやおばの誰かが「請客」（ご馳走）してくれるため、労せずして美味しいものにありつくことができた。

この日のメニューも、前菜から始まり、蒸した蝦や魚、野菜炒め、フカヒレのスープ、ナマコと鮑の煮物、豚バラ肉の煮込みなどなど。思い出しただけで生唾を呑みこみたくなるものばかり。会議で台湾に戻るのも悪くないと思った。

■第二話「本会議・懐柔作戦」

一回目の会議の翌日、二回目の会議が始まった。この日から正式な親族会議となり、社長を含めて十名全員が五日連続で話し合った。つり目なところ以外は頭のハゲ具合から、背格好までほとんどどうり二つというぐらい、親戚の中でも特に父に似ている。数年前に脳卒中で倒れ、歩行が困難になった。このときは人に手を引いてもらい、杖をついていた。

正直、かなり年を取ったという印象で、この人が本当に会社を経営できているのかと疑念がわいた。しかし時折見せる眼光の鋭さは昔と変わらない威厳があり、前日とは違って、始まる前から緊張感が漂っていた。

「久しぶりに親族が全員集まり、とても嬉しい」。社長の台湾語の挨拶がまずおこなわれ、いまの会社の現状について説明があった。その後はいろいろな質疑応答がなされ、前日と違って話が脇道にそれることも少なく、本格的な会議となっていった。

クーデター派は、まずバス会社をなぜ何の相談もなく売却したのかを質問した。社長は、地下鉄ができ、バス会社としての利益が以前ほど望めなくなった状況が続き、丁度いい値で買い取ってくれる会社が現れたからだ、とだけ説明して口を閉じた。

また、バス会社を売却し増えたぶんを含め、いまあるすべての資産を均等に分配してほしいというクーデター派の主張に対し、社長は、いくら昔の金鉱、炭鉱を廃業したとはいえ、現在会社があるのだから、そんなことは不可能だと主張。ただ、配当もいまどうやって分けようか考えているところで、配当しないとは言っていないと、対立する形となってしまった。

社長は元々短気な性格で、気に入らないことがあると声を荒らげるところがある。この会議でも答えたくないことや、都合の悪いことに回答せず、結局明確な方針が決まらないまま、社長だけ一足先に退席してしまった。

次に、かつて父が日本で仕事をするために作った会社で、いまは日本にいる五男のおじが継いでいる会社のことが議題に上がった。この会社も顔家のものだから、利益があれば分配し、なければ処分するべきだということになった。

一度もちゃんとした会社勤めをしたことのない私は、ビジネスにまるで興味がなかったが、父が生前に苦心して作り上げた会社がもしかしたらなくなってしまうと思ったら、ザワザワと心が動いた。

「処分してしまうなら私が会社を買い取りたい」

気づいたら、金額のことなど考えずに、みんなの前で買収を宣言してしまっていた。まさかそんなことを私が言い出すと思っていなかった親戚たちに一同驚愕の表情を浮かべられた。それでも考慮してもらえて、次回までに、私のほうで会社の資産価値を評価し、事業計画書を提出することで落ち着いた。

次の会議は米国組がクリスマス休暇が取れる十二月におこなわれることになった。その間、クーデター推進派から中間派に電話がかかってきて、アフタヌーンティーに誘われた。体制派からもあの手この手でなんとか中間票の一票を獲得したいという働きかけがあり、まさに両陣営の多数派工作が錯綜した時期だった。

私は、社長夫人からお茶をご馳走になった。日本に住んでいる体制派のおじからも会社に呼び出された。一方で、クーデター派からも盛んに説得を受けた。

実は、この頃から、停滞していた顔家の「改革」を唱えているクーデター派を支援しようかと考え始めていた。社長は堅実な経営で、危ない投資話や買収計画にも手を出さず、顔家のビジネスを曲がりなりにも、二十年以上に渡って守り続けてきた。ただ一方では、将来の展望が描けず、このままではジリ貧になってしまうのは避けられない。私には変革に踏み出すときが来ていると思えた。しかし手の内を最初から見せないほうが有利にことを運べるという、映画にもよく出てくるような「ゲームのルール」を思い出し、とりあえず静観するふりをして、情報だけはきちんと集めるように心がけた。

この時点で、役員会の全十票中、はっきりと意思表示されているのは、前回と変わらず社長に好意的な賛成票三票と、クーデター派が三票。残り四票は未定という図式ではあったが、私が心の中で、クーデター賛成に傾いたぶん、実際のところクーデターの成功率は少し上がっていたのだった。

■第三話「応戦」

季節は冬に変わっていた。

二回目の会議から約四カ月後の十二月。台北で三回目の会議がおこなわれた。

十二月の台北は平均気温が十六度ほど。東京から見ると、十分に温かく感じられるが、台北では人々が東京の真冬のファッションのようにダウンを着て、ムートンのブーツを履いていた。台湾人は寒がりなのである。人間は環境に適応するというが、ふだんが暑いと気温十六度でも寒く感じるのだろう。

「週に二―三回、二―三時間の出勤しかできない社長はお飾りで、実権は奥さんが握り、会社を動かしているのはおかしい、会社は一家族のものではなく、株主全体のものだ」

クーデター派は会議前にこんな強烈な内容のファックスや手紙を何度も社長に送りつけ、自主的な退陣を求めた。しかし、折れる気配がないため、クーデター派は社長の牙城が思いのほか堅牢だと知り、今度は正攻法で崩そうと考えて弁護士を雇った。経費の不正請求がないかなど、敵の弱点を見つけて論破していこうと試みたのである。

社長派もそれに対抗して弁護士を雇い、お互いが書類のやり取りを繰り返した。しかし、弁護士費用も時給換算で三万円以上もかかるのでバカにならない。何より、万一何か問題があったとしても、経営陣によってすでに証拠は処分されているだろうし、調べても何も出ない可能性のほうが大きかった。そこでクーデター派は「株主総会」や「役員会議」の開催通達をいままで怠り、きちんと個人の同意なく決議をしてきたことに焦点を絞って、社長の責任を追及することにした。

顔家の会社の株式は上場しておらず、顔家のきょうだいが大株主となっていて、同族会社のようなもの。日本でも同じだと思うが、そういう会社の役員会議や株主総会は何十年もの慣例で阿吽の呼吸、暗黙の了解でおこなっている部分が多く、叩けばほこりは出てくるもの。クーデター派の弁護士はそこを突き、数カ月間、書類送付のやり取りがあった。

このまま本格的な告訴に持ち込むかどうかという話になったが、どれくらいの時間を無駄にするかわからないうえ、いまあるお金のほとんどが訴訟費用に消える可能性もあり、双方にとって得策ではないことが明らかだ。お互いの弁護士を儲けさせるだけなのもバカバカしいと判断し、告訴は取りやめた。

その代わり、通達なしに役員会議をおこなってきた事実は社長側の落ち度となるため、社長側は譲歩する形をとり、いま会社で一元管理されている共有財産をきちんとみんなに分けることには同意した。しかし、社長を退任に追い込めるかどうかは、決定打がないまま、二〇〇八年の五月におこなわれる株主総会での投票結果に委ねられることになった。

私は、一連のやり取りを見ながら、そろそろきちんと意思表明したほうが良いと思い、勢いのあるクーデター派に賛同の意思表示をおこなった。社長派の奥さんからは「妙ちゃん、ひどいんじゃない。あんなに小さいときに面倒見てあげたのに」と言われた。クーデター派のおじからは「妹さんと一緒によく相談して決めなさい。君自身の選択だ」と話してもらっていたので、逆にあまり目立った反応はなかった。

こうして、全十票の中で、社長派は三票、クーデター派が四票となり、残り三票はまだ決まっていないという図式になった。

一方、急に大胆にも会社を買いたいと言い出した私に対し、現在その会社を継いでいる五男のおじも前回の会議の後、自分が買い取りたいと対抗し始めてきた。日本の会社については、そのおじと私の一騎打ちになった。今回の会議で、お互いの事業計画書を出すことになっていたが、私だけが用意できていて、おじは用意ができていなかった。私の本気度は一歩リードしていて、十中八、九、私の勝ちだと自信を持っていたが、この問題についても、最終結論は翌年五月の株主総会まで持ち越しとなった。

■第四話「決戦」

二〇〇八年五月二十六日が、顔家お家騒動ドラマの最終回である。そして、私にとって生まれて初めての株主総会の日で三年に一度の役員改選。結果については予想がほとんどつかなかった。

会場は台北市にある本社の三階。クーデターが起きるかもしれないと聞いた株主たちに、この年は例年にない出席率だったそうだ。社員の話では、いつもなら二十人出席すれば十分多いのに、百人くらいが詰めかけていた。私の遠縁にあたる親戚も多く、いろいろな人たちが懐かしそうに声をかけてきた。

私にとっては全員が「顔さん」。一体誰なのかさっぱりわからない。それでも一様に頭の毛が薄い人が多い。父も毛がなかったので血縁と毛髪は相関関係があるのだろう。

株主総会は、想像していたより随分と質素だった。どこかのホテルやホールでおこなわれるわけではないので、こんなものかなと思ったが、柱に手作り感満載の「第九十七回台陽股份有限公司股東會」という運動会のような横断幕があったときは、なんだか頑張っている感じで微笑ましくなった。

社長は体調不良を理由に欠席し、その次女である会計士のいとこが代わりに開会の辞を述べた。その後、年度業績の報告が述べられ、討論事項に入った。

討論事項の目玉はもちろん役員改選。事前投票をした者を除き、その場で投票用紙で投票する。投票用紙には、当時の役員の名前が書かれており、再任を望む人に一人だけ○をつけるか、空欄に新たに役員にしたい人の名前を書き込むかして、投票者の持ち株数が反映される仕組みだ。およそ三・五パーセントの株主である私は「ビル」に○を付けた。ビルはクーデター派で、アメリカ在住の六男・顔恵哲おじさんである。父・恵民を含めて、一族の男性の名前には基本的に「恵」がついている。

投票後、その場で開票が始まった。

同族会社とは言っても会場には投票箱があり、社員が電卓でカタカタと集計していた。十分くらい経って、今度は文化祭のように模造紙に開票結果を書いたものが張り出された。壁の前に人だかりができ、私も遠目に覗き込んだら、現社長の名前は書かれていなかった。

「クーデター成功しちゃったよ！」

心の中で叫んだ。

中間派の票もすべてクーデター派に入り、大勝する結果となったのだ。

私の動向が影響した部分もあったかもしれない。でも、やはり社長のおじが経営者として十分に説明責任を果たしていなかったことが、みんなの心が離れた原因だったのだろう。

長年停滞してきた会社に、新しい風が吹き込まれてくれれば。そう願った。

クーデター派の三人はみなアメリカ在住。向こうに仕事も家もある。ビルも行動を起こしたときは社長になるつもりはなかったというが、三人で討論した末、ビルが台湾に戻り、クーデターの責任を取って社長業を継ぐことになった。

ビルは台湾の大学を出た後にアメリカへ渡り、四十五年間も住んでいた。アメリカの大学でバイオの研究をしていたが、潔く仕事を辞め、家も売り払い、台湾に戻って、まったくの異業種に足を突っ込むことになったのだ。

コーヒーを飲まないとダメで、コカ・コーラが大好き。服装はいつもラフな感じでジーンズを穿き、野球帽をかぶり、リュックを背負っている。ビルは完全にアメリカナイズされたスタイルの持ち主だ。親戚からは、「社長なんだからちゃんとスーツを作りなさい」と注意されていた。

ところで、私にとって一生で最も値の張る買い物になりそうだった日本の会社の買収問題だが、結論から言えば、ライバルのおじに負けてしまった。

会議の投票は株主総会より数日前におこなわれていた。当日、私は日本で舞台の公演があり、会議に出席することができず、買収交渉をビルに任せていた。ビルはほかの役員たちを説得してくれたが、結果として、負けてしまったのだ。

年末に完璧なプレゼンをしたし、父の会社を継ぎたい意欲は伝わったと思って安心していたが、当日、おじに巻き返されてしまったようだ。本当に悔しかった。やはり当事者がその場にいないで物事を成し遂げようとしたことが甘かったと反省している。

■第五話「再生」

新社長のビルは前社長より若く、アメリカ帰りのリベラルな雰囲気を持っていたので、私でも話しやすかった。中国語より英語が流暢で、私とは英語と中国語半々で話す。

電話をかけるとこんなやり取りになる。

ビル「Hello」

妙「六叔嗎？（六番目のおじさん？）我是顔妙、現在方便説話嗎？（私、顔妙よ。いまお話しして大丈夫？）」
ビル「可以（いいよ）、go ahead（どうぞ）」
妙「我預定next weekん～と、十三號回台灣（十三日、来週に台湾に帰るけど）、do you have a time?」
ビル「Let me check, …yes, 没事、應該可以（何もないから、問題ないよ）、see you later, bye」

お互いに外国生活が長過ぎたため、微妙に中国語が不正確で母国語をうまく話せない台湾人になっている。

ビルは日本語が話せない。会社には年配者が多いせいか日本語教育を受けてきた人が多く、会社内の公用語はほぼ台湾語と日本語。会社の業務内容も日本の企業との関連が多く、日本人と接する機会も多い。私が台湾にいるときに日本人と会議をする場面があると、中国語、英語、日本語が話せる私がビルの通訳をすることになった。それを機に、ビルは私に「社長専属日本語通訳者」のポジションを与えてくれ、来日して日本の取引先を表敬訪問する際なども私を同行させるようになった。

ネクタイを締めるようなサラリーマンなど身近にいないし、就職活動をしたことのない私にとって、日本の企業を訪問することは新鮮で、とても楽しかった。

顔家の企業経営を理解する一環として、ビルはいまは閉鎖された鉱山の坑道見学の機会も用意してくれた。現在は採鉱されていない坑道だが、飲料水として販売している地下水の水脈が中にあるため、職員によって維持管理されている。しかし老朽化しており落石などがいつ起きるかわからない。

坑道の高低差は二百メートルほどある。昇るより、降りたほうが楽と言うことで、工場がある「国英坑」の上の「昇福坑」という坑道口から入坑して「国英坑」へ降りて行くことになった。途中、滝のように降りそそぐ地下水で全身ずぶ濡れになる恐れがあるため、つなぎの雨合羽と長靴、ヘルメットとカンテラと軍手を手渡された。

ビルと私のいとこ、従業員たちの合計九名で出発。私といとこは初の入坑。まるで小学生の遠足気分でうきうきしていた。

午前十時に出発、外の気温より十度以上は低く、坑道内は寒い。道の両側にはザバザバと勢いよく地下水が絶えず流れていた。

最初は背丈よりずっと高く幅も広い道だったが、途中からは中腰になってやっと通れるくらいの狭い場所に出た。最初はワクワク、ドキドキ気分で前へ前へと進んで行くと、途中から険しい道になり、不用意に頭を上げるとヘルメットが岩にぶつかり、ヒヤッとさせられた。

大人数で歩いているので、各自のカンテラのライトが行く道を照らしてくれる。列から外れたり遅れたりすると、たちまち真っ暗な暗闇に包まれる。ほんの数秒間でも、水音しか聞こえない暗闇にいると、強い不安に包まれた。一日中この狭い坑道の中で金を採掘していた一昔前の人々の状況が思い浮かんだ。最後の数百メートルはトロッコに乗り込み、出口にたどり着いた。約三時間の坑道ツアーはインディー・ジョーンズの冒険のようにスリル満点で楽しかった。

新社長としてビルが一番にやらなければいけないことは、「台陽股份有限公司」の再生だった。金山、鉱山は閉山してしまったが、それでも九份には顔家の広大な土地がある。何か新しいビジネスができないかと模索し、会社としてもう一回盛り返したいという思いがビルにあった。

具体的には観光地である九份に大きなレジャー施設を建設し、観光開発をするプランが昔から検討されてきたが、事業規模が大きくなるため、なかなか実現化に向けた具体的計画が出てこないのが現実である。

そこでビルは、九份の山から湧き出る水に注目し、「チョウザメ」の養殖をし始めたのだ。「なぜチョウザメ?」と周囲は驚いたが、九份の水温、水質がチョウザメにぴったりで、何よりも、温泉の源泉掛け流しのように、自分たちの会社で水源を持っていて、それを好きなだけ使えて土地もあるのだからコストが最小限で済むということが理由だった。

チョウザメを養殖し、レストランに卸すビジネスがビルによって始められた。チョウザメというと、キャビアしか思い浮かばなかったけれども、実はコラーゲン豊富な軟骨魚のため、ほとんどの部分が食べられる。半信半疑で、養殖池から食べ頃の一匹を捕って、スープに料理してもらったら本当に美味しかった。アンコウのようなゼラチン質の皮がぷりっとしていて、肉質は臭みのない白身でいくらでも食べられるのだ。台湾でもチョウザメはレアな魚で、お祝いごとや特別なときに食べる高級魚の部類に入るため、今後もしかしたらその養殖が顔家の主要なビジネスになるかもしれない。

御先祖様も、まさか顔家の事業発祥の地・九份で、しかもかつて金や石炭が採掘された坑道の横でチョウザメが優雅に泳ぐようになろうとは想像してなかったと思うが、これも時代の移り変わりとして笑ってくれているであろう。

育ったチョウザメは現在「黄金尋龍魚」（黄金チョウザメ）というブランド名が付けられ、各地に販売されている。社長通訳としての私は、いつの日かそのチョウザメを日本に輸出することを夢見つつ、新しい「顔家再生」の物語に足を突っこんでいる。

現在的我　（いまの私は）
心中生了根　（心に根を生やす）

轉回沙漏　（砂時計を戻し）
勇敢的跨出一歩　（一歩を踏み出す）
勇敢的面対現実　（現実を見つめ直す）

滴滴答答　（ティクタク）
滴滴答答　（ティクタク）

「顔寓」の主

回顧自己　（自分を顧みる）
追求孤独的自己　（孤独な自分を追い求め）
追求現実　（現実を追い求め）
回顧夢想的自己　（夢見がちな自分を顧みる）

父の友人からもらった一枚の白黒写真がある。
昭和十九年九月十九日、父は十六歳。
学生時代の仲間十六人と一緒に撮った写真。
前から二列目の左端に父はいた。
笑っている。

この写真の中で笑っている少年は、私の知っている父からはほど遠い。「箱子」の中で、父の笑っている写真は一枚もなかった。父と過ごした日々の記憶をたどっても、歯を見せるような笑顔はない。

父の名前は顔恵民。

台湾で、「顔」姓を名乗れば、大抵はこんな反応が返ってくる。

「是基隆的顔家嗎?」（基隆の顔家か?）

「顔家後代不錯!」（顔家の末裔なんて凄いね!）

日本では小さい頃より親戚などから、こうも言われていた。

「顔家は台湾一の名家よ」

私には「顔家」に対する実感があまりない。

以前から父の家系について何か言われるたびに、顔家がどの程度のものなのかと不思議な気持ちになっていた。

インターネットが便利になった時代、そして、妹が有名歌手になったおかげで、父の名前の「顏恵民」とパソコンに打ち込めば、Wikipediaで検索できてしまう。内容には、「ふ〜ん、そうだよな、對！（そう）」と思う情報もあれば、「是嗎？（そうかな）」と疑問を感じる情報もある。とにかく、自分の知らない「顏恵民」という人間の情報がそこにはある。

父は台湾の名家の長男に生まれた。それは知っている。しかし、父は私と大人の会話ができる前にこの世を去ってしまったので、私は父についてほとんど知らない。私にとって、父が本当はどんな人なのか、謎に包まれたままだった。

父が生まれた一九二八年、日本はまだ昭和一桁。台湾は日本によって統治されていたため、父は台湾で日本人としてこの世に生を受けた。

台湾は十七世紀からオランダ、清朝、日本そして中華民国と何度も「外来政権」に統治されてきた。世界的に見てもかなり珍しいところである。

父は学校教育で君が代や教育勅語を暗記させられ、日本語教育を徹底的に叩き込まれた世代。家族とも日本語で話し、自分は日本人だと思っていた。

十歳で日本に渡ったときは、当然、国境を越える意識はなく、外地から内地への移動という気持ちだったのかもしれない。

日本の小学校に入学した後の友人たちは全員が日本人。中学から入った学習院は日本の上流階級の子弟が多く通うところで、皇室とも縁が深いため、いっそう日本への愛国心が育つような教育環境だった。

戦時中に中学の寮を出る日の寄せ書きに、

「撃ち撃ちて撃ちてし已まむ」

と日本語で父は書き残していた。

同級生の一人は寄せ書きを見て、「達筆と強い愛国心に驚いた」と追悼集に書いた。


日本の敗戦が決まった一九四五年八月十五日、先生や同級生は日誌に「日本の再建のために」という文章や敗戦の心境を書き綴ったが、父は一行も書かなかったそうだ。

父は日本の敗戦について無言を守り通したが、しばらくすると突然眉毛が抜け始め、完全に眉なしの顔になってしまった。

病院での診断結果は「ノイローゼ」。敗戦のショックだった。

そして、秋が深まった頃に、父は友人に向かってこう話し始めた。

「いままで学校で教わっていたことは嘘だったな」

「K先生などは、キミたちはみんな天皇陛下の赤子（セキシ）だ。一緒に天皇陛下バンザイを叫んで死ぬ兄弟だ、と言っていた。だが、戦争が終わったらキミは戦敗国日本の国民、僕は戦勝国中華民国の国民。赤子どころじゃない。日本人じゃなくなったんだ。

僕はもう学校には行かない」

父は本当に授業に出なくなり、敗戦から二年後、台湾へ引き揚げて行った。

日本人として育てられながら日本人であることを否定された父。二つの「国」に引き裂かれたアイデンティティーの問題に父は悩み続けてきた。

アイデンティティーに悩むなんて、いまの日本人には遠い話だ。戦争を体験したことのない私に戦時下の状況は想像し難い。日本人であることが当然のように育った私が、父と同じように、ある日突然お前は日本人ではないと言われたら、どうなるだろうか。「日本人とは」「外国人とは」などといろいろ思いをめぐらせてみたが、なにしろふだんあまり考えたことのないことなので、頭の中がこんがらがってしまう。

父が亡くなって二十六年の歳月が経った。私はさきほど「日本人として育った」と書いたが、実際は台湾人とのハーフである。そのことを深く考えたことがなかっただけだ。自分自身のアイデンティティーについて少し、心を向けてみたい。そんな風に、考えるようになった。そしてそれは父の人生、父の苦しみをもっと理解することを通じ、実現するに違いない。なにしろ、父は私よりずっと先に深くこのことを考え抜いていたはずだから。

酒、山、スキー、タバコ、台湾、ハゲ、学習院、早稲田、本、山小屋私が思いつく父に関する単語はだいたいこんなものだ。

私のおぼろげな記憶の中に点在するこれらの単語がどうやったら繋がるのか。

私は一冊の本を読むことから始めた。

タイトルは『雪山の楽しければ…回想・顔恵民』。

二〇〇一年、父の学生時代の友人たちが作って下さった父の追悼文集。それがこの本である。

父がガンと闘っているとき、母は毎日欠かさずメモ帳に「日記」をつけていた。父の死後、その「日記」をもとに母は一つのプランを練っていた。父についての回顧録を書くことである。

「顔恵民がこの世に存在していたことの証を残してあげたい」

それが母の思いだった。

回顧録のため、父の出生から死去までの年表を作ろうとして一生懸命、紙に書きつけていた母の姿を覚えている。しかし、それから間もなく母も病気で亡くなった。回顧録の計画はそれきり消えてしまっていた。

母は生前、回顧録の件を父の学生時代からの親友である犬養康彦さんに相談していた。犬養康彦さんは、父と同じ昭和三年生まれ。戦前の日本の大政治家で、五・一五事件で殺害された犬養毅さんの孫で、戦後の日本で法務大臣を務めた犬養健さんの息子にあたり、共同通信の記者として活躍し、社長まで務めた後、引退していた。

犬養さんとは学習院中等科で出会い、父が住んでいた家が空襲で焼けてしまったので、信濃町の犬養家に居候することになった。それ以降、二人の関係は深まり、父にとって犬養家の人々が日本での家族のような存在となっていく。

母の死から七年が過ぎた二〇〇〇年のある日、私と妹は久しぶりに康彦さんと食事をしていた。このとき七十歳を越えていた康彦さんを見ながら、父が生きていればこんな感じのおじいちゃんになっていたのかなと考えたりもした。

「父は学生時代から髪の毛がなかったんですか？」

なんとはなしにこんな質問をした私に、康彦さんは、

「いや、昔はちゃんとあったよ」

と教えてくれた。

私にはハゲ頭しか印象がなかったので、髪の毛があった頃の父を見てみたいと思った。父の髪の毛は一体いつなくなったのか。そんな素朴な疑問がわいてきた。同時に母と結婚する前の父をもっと知りたくなった。私は康彦さんに母の果たせなかった思いを叶えるため、どんな形でもいいから回顧録をまとめていただけないかお願いをしてみた。康彦さんは快諾してくれた。

康彦さんは追悼集を作ることに決め、父の学生時代の友人たちに寄稿を呼びかけた。多くの方が喜んで文章を寄せて下さり、父の死から十五年以上も経っているのにもかかわらず、六十余名の寄稿文を集めた立派な追悼集ができた。それが『雪山の楽しければ…回想・顔恵民』なのである。

追悼集が出来上がったときのことはよく覚えている。出版記念パーティーが平河町のマツヤサロンで開かれ、五、六十人の出席者が集まった。

「ガンテキ」。父は友人たちからこう呼ばれていた。

「ガンテキ」とは父の友人たちによると「顔的」＝「顔のようなもの」という意味で、父が自分で自分に付けたあだ名である。父の旧友の皆さんは私のことを「ガンテキのお嬢さん」と呼び、目を細めながら、楽しそうに当時の思い出を語って下さった。父は本当にまわりから慕われていた。そう思うと、胸が一杯になった。

しかし、私は完成した追悼集をぱらぱらとめくるだけで、じっくりと一文一文を丁寧に読むことをしなかった。頼んでおいて本当に申し訳ない話だが、父のことを深く知ると自分の大事な部分が思いもよらない形で揺さぶられてしまうような恐怖感があり、『雪山の楽しければ…』は自宅の本棚にしまわれたままになっていた。

その追悼集を本棚から取り出し、心を決めて一ページ目を開いた。雪山を背景に、くわえ煙草にスキーという格好の、二十代の父の写真が目に飛び込んできた。

額はかなり広いが、確かに髪の毛があり、優しい眼差しの父がいた。

「本当に髪の毛があった！」

思わず心の中で叫んでしまった。でも、昔からふけ顔だったせいか、顔つきはちっとも変わっていない。

一枚、そしてまた一枚と、私の知らない青年時代の父が写真に写っている。ほとんどがスキーか山登りをしているときに撮ったものだ。ここにも父の満面の笑みの写真があり、違和感がまた広がった。

私の「箱子」の中の写真はどれも四十代以降の父。父は幼い私にいつも優しく、穏やかに接してくれたが、「高い高い」や「かけっこ」をしてくれたり、「こしょこしょ」をしてくすぐり合ったりして、歯を出して笑い合った記憶はない。父はどこまでも大きな存在で見守ってくれていたという表現がしっくりくる。満面の笑みをたたえていた父がそのまま晩年に至っていたら、もっと友人のような父子関係が築けたのだろうか。なぜ父から笑顔が消えてしまったのだろうか。私の知らなかった父に会いたい、父が歩んだ道をたどってみたいと強く思った。

寄稿文は、学習院中等科時代の友人の三笠宮寛仁親王から始まり、早稲田大学時代の友人、そして父が住んでいた家に出入りしていた友人たちから寄せられていた。どの文章でも「酒、スキー、山、台湾」にまつわる事柄が多く、私の記憶の断片と見事に一致した。この本の内容を頼りに父の周辺を掘り下げていくことにした。

追悼集の呼びかけ人を果たしてくれた犬養康彦さんは、ちょっと押しつぶしたような独特の声の持ち主だ。お目にかかったり、電話に出たりするときは、「やあ、妙ちゃん」が口癖で、父がガンを宣告されたときや母が病気になったときなど、いつでも我が家の大変なときに必ず現れた人。

康彦さん自身の追悼集への寄稿文にはこんなくだりがあった。

〈一九四一年(昭和十六年)太平洋戦争開戦の年、学習院中等科に入って、ガンテキと知り合った。戦争は段々激しくなり、ガンテキは空襲で焼け出されたりもし、高等科一年の時敗戦を迎る。

戦後は一時ガンテキが台湾に帰ったり、大学や社会人生活でお互いに離れたり、付き合いにはそれぞれ濃淡ができたが、とにかく彼が亡くなるまで四十四年間の交友だった。〉

そして続けて二つ、ちょっとびっくりすることが書いてあった。

〈一九四九年（昭和二十四年）の十一月初め、顔は前触れもなく東京に舞い戻ってきた。なんと密航してきたのである。相当の金を使っての密航だったようだし、当然欽賢氏夫妻らも承知の上で計画を練った行動だったのだろう。しかし、あの密航は顔本人だけでなく、欽賢氏にとっても、顔一族にとっても、かなりのリスクを冒した行動ではなかっただろうか。〉

〈実は母屋に住んでいた時、一寸した事件があった。顔が警視庁に引張られ、彼のいた六畳間が家宅捜索を受けたのだ。容疑は出入国管理令違反だったと思う。母が弁当をつくり、私や智子が差入れに通った。父が法務大臣をしていた時で、法務大臣の家が捜索されたのだから、いまだったらひと騒ぎされたかもしれない。民放テレビもまだ開局していなかったし、話題にもならないまま、顔は一週間ほどで帰ってきた。密入国がばれたのだろうが、起訴に至らなかったのは父が多少動いたのかもしれない。〉

一九四七年、十九歳の父は日本の敗戦の影響で台湾に戻った。台湾を放棄した日本は父を日本人ではないと見なし、台湾への退去を求めたのだ。しかし、父は台湾に馴染むことができず、一九四九年十一月に台湾から密航して日本に現れ、その後、逮捕されていた、というのである。〈欽賢氏夫妻〉とあるのは祖父母のことだ。父が台湾に馴染めなかった理由は後で詳しく触れたい。

密航や逮捕のことなんて、一度も聞いたことがなかった。本当ならば衝撃の事実だ。ほかにもいろいろ聞きたいことがあり、久しぶりに康彦さんの携帯に電話をかけたが応答はなかった。留守番電話にメッセージを残し、数日待っても返事がなく、自宅にかけても留守だった。

一カ月が過ぎ、嫌な予感がしていた頃、私の携帯に康彦さんから連絡が入った。一年半ほど前から体調を崩し、施設に入居されたため、電話連絡がなかなかできなかったという。それでも、私の訪問は快諾して下さった。

雨空のある日、広尾駅からほど近い施設を訪ねた。約四年ぶりの再会。以前会ったときより痩せて小さくなった印象を受けたが、笑顔と眼光の鋭さは変わっていなかった。

「やあ妙ちゃん、よく来たね」

いつものように優しく言ってくれたが、康彦さんの様子はいつもと違っていた。

父の話を聞きたいと言うと、しばらく考え込み、窓の外の遠くをみつめながら、ぽつりとつぶやいた。

「ガンテキは一番の友だちだった」

それきり、康彦さんの言葉は途切れてしまった。父と一緒に過ごした時代を思い浮かべたのだろうか、静かに微笑んでいる。康彦さんの記憶は言葉として語られることはなく、私が聞きたかった「密航と逮捕」のことについては「どうだったかな」という答えしか返ってこなかった。

約二時間の面会でほとんど詳しい話は聞けなかった。施設を去った後、そばにある有栖川宮記念公園を歩きながら、いろいろな思いが交錯した。

父と母を思いもよらぬ形で早く亡くしてから、私は「後悔しないようにそのときにできることをやらなければいけない」と心に決めてきた。「あのときこうすれば良かった」と思うことが一番悔しいことを痛いほど思い知らされたからだ。

それならば、なぜ追悼集をもっと早くに読まなかったのだろうか。なぜもっと早く大切なことをきちんと聞いておかなかったのだろうか。

生きていれば父は今年八十三歳になる。父と共にときを過ごした仲間も少なくなってきた。遅過ぎたのかもしれない。あと五年早ければ間に合ったのだろうか。

せっかく手繰り寄せた糸が私の思いに耐えきれず、プツンと切れてしまったような、なんとも言えない喪失感に襲われた。

私は両親の死から何も学ばず、成長できていなかったのかもしれない。後悔の念を抱きながら歩いた帰り道は異様に長く感じた。

それでも「ガンテキは一番の友だちだった」という言葉が聞けたことは救いだった。

二人は同じ時代を一緒に生きてきた仲間だった。私のことを、私が死んだ後に「一番の友だちだった」と言ってくれる人がいるだろうか。父は幸せな人だ。

戦後台湾から密航して日本に戻った父はその後、信濃町の犬養邸で暮らす。そこには犬養康彦さんが両親と住んでいた。後に評論家となる姉の犬養道子さんがその頃ここに住んでいたのか、あるいはアメリカに留学していたのかよくわからない。康彦さんと結婚した作家の犬養智子さんが父と出会うのは、これより後のことだ。

こう考えてみると、さすが犬養家は有名人揃いである。

整理されていない名刺をひっくり返し、クリーム地に青の文字の犬養智子さんの一枚が目に飛び込んできた。父にとって「日本の家族」であった犬養家の人々と私を繋ぐ細い糸をたどっていくことにした。

日差しの強い夏の日、渋谷の駅から松濤を抜け、神山町へ向けて私は歩いていた。智子さんの娘さんで、エッセイストの犬養亜美さんが真っ赤なワンピースを着て、自宅前の道路から手招きして下さっている。

犬養さんの家は白い洋館で、中に入ると、父がよく座っていたというリビングの椅子もそのままの室内はお洒落なカフェのようであり、壁にたくさんの絵がかかっていて、シックな画廊のようにも見えた。明るいブルーのパンツの智子さんは、アンティークの木彫りのある肘掛け椅子に腰掛けて父のことを話してくれた。

智子さんは、実業家として知られる波多野家に生まれ、学習院に学び、大学で出逢った康彦さんと学生結婚をした。

　智子さんが一九六八年に出版した『家事秘訣集』はベストセラーになり、作家・評論家として活躍されてきた。歯に衣着せぬ話しぶりはとても気持ちが良かった。

「犬養康彦と顔恵民はハンバーガーのバンと中身のニクを思わせる一対の存在だった」

　追悼集で、智子さんは文筆家らしい端的な表現で、父と康彦さんの関係を表していた。

　康彦さんとの結婚後、智子さんは信濃町の犬養邸に住み始めたが、父はその前から犬養家に居候していた。部屋は二階の六帖ほどの洋間でベッドとデスクなどが置かれていた。

「ガンテキはヤスの親友で、ガンテキのいない犬養家は犬養家ではない感じがしたものよ」

「信頼できる人、優しさと強さを感じる人、すてきな男、『大人《たいじん》』よ」

　父のことを犬養智子さんはそんな風に言い表した。

「大人《たいじん》」と言われて、その漢字と意味がすぐに合致しなかった私が「どういう意味ですか？」と聞き返すと、

「何事にも動じない大きな心を持った人よ」

　と教えてくれた。

「父は女性にもてたのでしょうか？」

とも聞いてみた。

「もちろん、もてたわよ。彼を狙っていた人がたくさんいてね。私が知っているだけでも三人はいたわ」というエピソードを紹介して下さった。

智子さんと亜美さんは、父と犬養家、そして父と日本のかかわりについて、私の知らなかったことを含めながら、いろいろと話してくれた。


父・顔恵民は台湾に生まれたが、当時多くの台湾社会の上流階級の子弟がそうであったように、十歳のときから母（私の祖母）と一緒に日本に渡り、あとで弟の恵忠も加わった。東京・麹町の番町小学校の近くに木造二階建ての洋館を借り、生活が安定した後に祖母は台湾に帰って行き、父と弟、そしてお手伝いさんの三人で暮らしていたという。

十三歳になった父は、番町小学校から学習院中等科に進学し、そこで同級生だった康彦さんと出会う。一九四四年（昭和十九年）、祖父が購入した市ヶ谷郵便局の隣の二階建ての家に引っ越した。ところが翌年、東京大空襲でこの家が焼けてしまい、行き場を失った父を引き取って下さったのが犬養家だったのだ。

父と弟は犬養家に居候し、学校に通った。幼いときから両親と離ればなれで暮らしていた父は、犬養健氏の妻で、康彦さんの母親である仲子さんを自分の母のように慕い、仲子さんも父のことを我が子のように可愛がった。

戦争の末期、父や康彦さんたちは、義勇兵役法に基づき、学習院国民義勇隊の一員として疎開も兼ねて岩手県胆沢郡相去村の青年養成施設、六原道場に配備された。終戦の日は、日光の施設に置いてある天幕を取りに行く途中に立ち寄った日光金谷ホテルで玉音放送を聞いた。

そして二年後の一九四七年に父たち兄弟は在日台湾人の引き揚げ措置で台湾に戻った。犬養家の人たちも、父の学習院の友人たちも、父はそのままもう日本には戻ってこないと思っていたが、一九四九年に父はなんと密航で日本に渡って来た。

突然犬養家の玄関に姿を現した父に対し、仲子さんはまるでちょっと旅行から帰ってきたかのように、「あら、ガンさんお帰りなさい」と言って再び迎え入れたのだった。そして、一九五三年か五四年初め頃、父が逮捕される事件が起きたのである。

この逮捕に関しては、私は康彦さんから答えを得られなかったので、智子さんに聞いた。

「密入国とかでなく、同姓同名の中国人と間違われて誤認逮捕されただけだと聞いているわ。警視庁に留置されている恵民さんに、仲子夫人と私と二人で面会に行ったのよ。でも、私はなぜ、犬養健さんは当時法務大臣だったのに『顏恵民さんは息子の親友、間違いのある人ではない』と言って、即釈放させなかったのか、不思議に思ったのよ。それは恵民さんも同じ思いだったと、後で彼から直接聞きました」

父は間もなく釈放され、もとの生活に戻った。父が何か罪を犯しての逮捕でなかったと知りホッとした。半面、殺人や麻薬のような重大事件ではないと信じていたが、何かドラマチックな展開があったかもと期待していたので、少しがっかりした。

日本に渡り、犬養家と共に歩んできた父の姿が浮かび上がってきた。実の親、兄弟よりも長い時間を過ごした犬養家の人々に、父は完全に心を許していた。犬養家とガンテキは「ハンバーガーを思わせる一対の存在」だったと確信した。「ガンテキのいない犬養家は犬養家とは思えない」とまで智子さんに言わしめるほど、父は「ハンバーガーのニク」として、すっぽり、犬養家に包み込んでいただいていたのだった。

智子さんの娘さんの亜美さんは当時まだ四、五歳の子供だったにもかかわらず、父の印象をしっかりと覚えていて、

「はにかむような表情がすてきな方だった。詩人のような雰囲気で、子供の目から見ても魅力的で、家に遊びに来てくれるのがとても楽しみだった」

と言ってくれた。

亜美さんのお兄様で亜美さんより六つ年上の千春さんも、やはり幼いときに父と過ごしたひとときを鮮明に覚えていた。スキー場に行ったときは新雪の中を背負ってくれたり、急斜面で降りられなくなると背負って滑り降りてくれたりして「大事なときにはい

る人」「実父以上に頼れる人」だったという。他人の子供に対しても気を遣い、面倒見が良い人だったことに驚かされた。

「鶏糸麵（台湾のおそば）」や「烏魚子（カラスミ）」「牛肉乾（ビーフジャーキー）」「肉鬆（肉でんぶ）」は父が犬養家に運んだ台湾の味としていまでも美味しかった記憶が残っているらしく、犬養家の人々はそろって懐かしんでおられた。

千春さんによれば、一度だけ、優しかった父が怒ったのを見たことがあるという。父が犬養家の人々と一緒に原宿の南国酒家でご飯を食べていたときのこと。父は店側にすべての料理の味を台湾風の中華料理にさせるよう注文していたが、「エビチリ」が運ばれてきた途端、父は料理長を呼び、「台湾のエビチリに砂糖は使わない、なんでエビチリが甘いんだ、隠し味に砂糖が入っている」と怒った。せっかく大切な知り合いに本場の台湾料理の味を味わってもらおうとしたのに、それができなかったから怒ったのだと、後になって父は話したという。父が料理の味にそこまでこだわりがあったなんて、私にとっては驚きのエピソードである。

もう一人の犬養家の著名人で、康彦さんの姉である評論家の犬養道子さんはこの本を書いている二〇一一年に九十歳を迎えた。神奈川県中部地区の施設にいるとのことで、手紙を書くことにした。達筆で丁寧なお返事がすぐ届いた。

顔妙様
おなつかしいこと！　お父上「ガンテキ」お見舞いののち、お母上とあなたとご一緒にうどんやに入ったのが何年前だったたか。
ガンテキのこと、一度ゆっくり、ね。
彼は苦しんだでしょうね。「植民地」から「戦勝国」へ。

父は生前、道子さんのことを「お姉様」と呼んでいた。

追悼集に道子さんが書いたエピソードによれば、入院していた玉川病院を訪ねた道子さんに気づいた父は、ガンの末期でかなり弱っている状態だったが、「おねえ…さま」と無理に体を起こそうとした。左手を道子さんに差し出し、道子さんはその手を握りしめ、「ガンテキ、どうした」と聞き返したという。

道子さんは、父のことを追悼文で「空気みたいな人。ずっと昔からそこにいるのが当たり前だった」「取り立てた特徴もないくせに、存在感とでも呼べそうな何かがガンテキにはまとわりついた」と書いていた。

道子さんによると、一九六〇年、犬養健さんが亡くなったとき、葬儀を仕切ったのは父だったという。遺体を置く場所を整え、弔問客に応対し、犬養家の人々には「僕らに任せて下さい」と声をかけていた。

母のように慕っていた仲子さんが一九六六年に他界されたとき、出棺を控えた亡きがらの前でじっと座って仲子さんの顔をみつめている父の姿を目撃した道子さんは、「子が母を見る眼差しだった」と追悼文に書いている。

道子さんは体調が思わしくなく面会は果たせなかったが、病室での父との最後の面会から四半世紀が経ったいまも父のことを「ガンテキ」と呼び、返事を下さったことに感謝した。

犬養家の方々はその後、父との思い出を一つ思い出すたびに、連絡を下さっている。その気持ちが温かく、嬉しかった。幼い頃から家族と離れて生活をしていた父は、とても寂しかったのではないかと勝手に私は想像していた。しかし犬養家という立派で優しい家族に囲まれて、幸せだったに違いないと思えた。

犬養家の人々と接したことで、私の知らない父・顔恵民の本当の姿がおぼろげながらまぶたに浮かんできた気がした。

「私はね、『顔寓』でガンテキと出会ったのよ」

父の親しい友人の一人、安田つたゑさんはそう語り始めた。

追悼集の中で、父を「好きだった」と書いた女性がいた。それがつたゑさんである。

つたゑさんの夫は、評論家で作家の故・安田武氏。父の友人だった。安田氏は評論家・多田道太郎氏との対談『『「いき」の構造』を読む』など多くの著作を残した。学習院出身ではないが、学習院で教鞭を執っていた思想家の清水幾太郎氏に若い頃から師事していたという。紀伊國屋書店で洋書部門を担当していたつたゑさんも、いつしか父の友人の輪の中に入っていた。

つたゑさんとは、母が亡くなった後も、年賀状のやり取りをしていて、いつも素敵なハガキに気の利いた文章が送られてきた。つたゑの「ゑ」の文字が珍しく、印象に残っていた。

父は自分だけでなく他人にあだ名を付けることも好きだったらしく、友人のあだ名の多くは父が付けていた。つたゑさんは「ツターシャ」だったが、父が命名者だったそうだ。当時のヒット映画「追想」の主人公アナスタシアの名前から拝借したという。

追悼集のつたゑさんの文章は、こんな風に書かれていた。

〈二人の出会いは昭和三十三年の夏、信濃町の犬養邸の一隅にあった「顔寓」。……初対面、私は、たちまち彼を好きになった。～その後便りのあることもあり、長く音信不通の時もありながら、娘の妙の学習院中等科の受験結果発表を待つ間「ちょっと付き合ってくれないか」という連絡が突然いった。〉

ここでの「顔寓」とは、父の住まいのことである。

犬養邸には、同じ敷地内にもともと門番が住んでいた家があった。居候という少々肩身の狭い身分から脱却するため、父はそこに移った。顔さんの家だから「顔寓」とみんなが呼んでいたのだ。

父は母と結婚する前につたゑさんと交際していたのだろうか。

私は新宿から「踊り子号」に乗り込み、つたゑさんのいる伊豆に向かった。車中では、つたゑさんにストレートに「父とお付き合いしていたのですか」「父に告白したのですか」と聞くべきかどうか悩んだ。伊豆高原駅に着くと大降りの雨だった。

ショートカットに眼鏡姿の女性が駅の改札で待っていた。駅から二人で十分ほど歩き、カフェに腰を落ちつけた。一番聞きたいことはやはり言い出せず、私はまず、つたゑさんと父との出会いについて尋ねた。

二人が初めて会った「顔寓」は、南側の庭に面した居間、食堂のほか、お風呂場と台所と寝室があるだけのこじんまりとした1LDKの平屋だったという。庭の植え込みを抜けると、目の前が犬養邸の母屋の台所で、食事の差し入れなどにも便利な距離にあった。「顔寓」の横にはイチョウの大木があり、昼間でも薄暗かったらしく、ある人は「緑陰のサロン」と呼んでいたそうだ。

犬養邸は信濃町駅から歩いて三、四分という便利な場所で、「顔寓」は一日中出入り自由だった。玄関からベッドの下にまでサントリーの角瓶や日本酒が並び、足りなくなれば酒家も近かったのでアルコールに困ることはなかった。

天井に張られた紐には、父の実家から届く台湾特産の烏魚子（カラスミ）が並んで、食べ放題だった。ひき肉にみじん切りのニンニクと卵を加えて良く練り、ほど良い大きさにして鍋に落とし、次にタマネギとキャベツをザクザク切って入れ、一緒に煮るというシンプルな肉団子鍋、別名「ガンテキ鍋」も好評だった。また、鶏まるごと一羽に白菜やネギを入れて一晩じっくり煮込んだ料理も、父は得意としていた。中身の鶏肉はいつも来客に食べ尽くされて、父は残ったスープでおかゆを作って食べていたという。

本は壁面の書棚では収まりきらず、部屋の鴨居の上の棚も満杯で、書評に出た新刊書の中で「ちょっと読みたいな」と思うようなものはこの部屋で探せばたいてい見つかると言われるほどだった。

たっぷりの酒と飯と本。これで若者が通わないはずはない。

その後、犬養家が松濤に引越したのを機に、父もその近くに家を借り、一人暮らしを始めた。そして、松濤の家もまた多くの友人たちが集うところとなり、同じように「顔寓」と呼ばれた。

ガンテキを主とする「顔寓」には学習院、早稲田を始め、山やスキーの関係者が足を運び、年齢、性別を問わず、さまざまな人間たちが集まった。聞いたところでは、ベトナム戦争に従軍した伝説的戦場カメラマンで、学習院初等科から学んでいた岡村昭彦氏らもいたというから驚かされた。

つたゑさんの夫の安田武さんも「顔寓」の常連だった。そして、つたゑさんもいつしか「顔寓」に顔を出すようになっていた。

モクモクとした煙草のケムリの中、お酒が入ったコップを片手に若者たちは一体どんな話をしていたのだろうか。

「そこに行けば誰かに会え、現実から切り離された場所のように思えて、顔寓にみんな安らぎを求めていたのかもしれないわね」

つたゑさんは、そう言った。

聞いただけで心が休まりそうな「顔寓」。そんな場所はいまの日本にはきっとなかなかないだろう。友人たちとそのような時を過ごせた父を羨ましく思った。

つたゑさんによれば、「顔寓」には多くの女性も遊びに来ていた。父はそれほどマメな性格ではなかったが、とても女性にもてたとつたゑさんは言った。ハンサムでもなく、髪の毛も少ないおじさん顔の父がなぜもてたのか、不思議で、不思議で仕方ない。父が母と付き合い始めると、女性たちの間で噂となったそうだ。

つたゑさんに密航・逮捕のことを尋ねてみたが、そういう事実があったことは知っているが、その場に居合わせたわけでもないので、詳細についてはわからなかった。

最後に思い切って聞いてみた。

「追悼集に、父のことを好きだったと書いてありました。本当にそうだったんですか？」

つたゑさんは微笑んで答えてくれた。

「ガンテキのことは好きだった。でもベタベタしたものではなく、とにかく元気でどこかで生きていてくれれば良いという気持ちだった。ガンテキもそうなんじゃないのかな。二人は心で通じていたのよ」

お互いに伴侶はいたが、心の中でプラトニックな温かい気持ちを通わせていた二人を想像した。すてきな関係だと思う。つたゑさんは夫である安田武さんをガンで亡くすまで十年ほど看病し続けた。その後、看病の記録を『一日生きれば』（看護の科学社）という本にして出版している。読むと、私の父と母のことが書かれており、つたゑさんと父の繋がりの深さをあらためて実感した。

年齢性別関係なく、誰もが吸い寄せられるように集まった「顔寓」には、悠然と構える顔恵民という主がいた。その風格から「大人《たいじん》」と呼ばれ、客人にうまい酒と肴をふるまっている。そんな光景が、私の脳裏にくっきりと浮かんだ。

お金持ちの跡取り息子が、二十代前半から結婚する四十代前半までの約二十年間、定職に就かず、まるで高等遊民のような好き勝手なふるまいをしていたと見られても仕方ないが、「顔寓」での仲間との思い出があったから、父はその後も頑張れたのかもしれない。

父にとっての「日本」はかなり明確な輪郭を伴ってきた。次は「台湾」の部分をより詳しく知りたいと思った。

台湾については、グッドニュースを耳にしていた。

二〇一一年の「辛亥革命百周年」の記念イベントとして「台湾五大家族特展」が開催されているのだという。父の出身の顔家は台湾五大家族の一つであり、その歴史をひもとく展覧会がある。父が導いてくれたのかと思えるほど、良いタイミングだ。

台湾五大家族とは、日本統治時代の台湾において、政治・経済的に特に秀でた五つの名家のことを指す。北から基隆の顔家、板橋の林家、霧峰の林家、鹿港の辜家、そして、高雄の陳家。板橋の林家は土地開発から始まり、現在でも土地を一番多く持っている。霧峰の林家は軍人として名をはせ、現在の彰化銀行を作り上げた。この両林家は清朝時代の台湾ですでに二大家族として地位を確立していた。

一方、基隆の顔家は鉱業から始まり、石炭、金鉱で財を成した。鹿港の辜家は塩から始まり、現在の台湾セメントや中国信託銀行を保有している。高雄の陳家は糖業から始まり、いまでも高雄周辺の多くの土地がこの陳家の所有で、高雄の議会でも歴代議長などを務めている。この三家は日本統治時代から発展を遂げ、前の両林家と合わせて五大家族と呼ばれているわけだ。こうしたことは、父が本棚に残していた『台湾五大家族』という中国語の本にも書かれていたことだった。

展覧会は、台湾中部の南投県中興新村にある「国史館台湾文献館」で開催されていた。主催者に事前に連絡を取り、父・顔恵民の名前を告げて、その娘であることを説明すると、案内をしてくれるだけでなく、資料をまとめておいてもらえることになった。

中興新村はかつて台湾省の省都だったところで、省庁だった立派な建物はその後も使われており、周囲には官舎が立ち並び、幼稚園、小学校、中学校、高校、そして市場、モール、病院となんでも揃っていた。そこに生まれれば、一歩も外に出ずすべてが完結できるような一つの巨大な町だ。山を切り開いて作られているので、忽然と出現した不思議な空間になっていた。

しかし、台湾省が一九九〇年代後半に廃止された後は、いくつかの行政機関を除いてほとんど撤退してしまい、私が訪れたときは、活気がなく、住人がいなくなった巨大団地を彷彿させるようなゴーストタウンになっていた。

「台湾五大家族特展」は、台湾の政治・経済・社会の発展に大きな貢献を果たした五大家族が台湾の歴史を語る上で必要不可欠な存在であるという理由から、「辛亥革命百周年」のイベントの一つに企画されたという。

これまで、顔家のルーツについてほとんど興味を持ってこなかったので、この展覧会は私にとって格好の勉強の機会となった。

展示と、ここでいただいた資料から得た知識で、私なりの「顔家とは何か」を以下のようにまとめてみた。

■一、ルーツ　～福建から台湾へ～

顔家の始祖は、孔子の弟子で一番の秀才だった顔回なのだという。だから、顔家は代々儒教を重んじてきたらしい。唐代の著名な書家である顔真卿も顔家の一族とされている。しかし、このあたりは同姓の歴史的人物は誰でも家系に入れてしまう世界なので、話半分に聞いておいたほうがいいかもしれない。

顔家はその後、中国各地を転々としながら福建省安渓に定住する。烏龍茶の産地で有名な土地だ。清朝の乾隆帝の頃、顔浩妥という人物が台湾に渡った。漁業に従事したが、一七九五年の大飢饉に遭遇し、中国大陸に舞い戻った。それでも台湾渡航の志は顔浩妥の子供の顔玉蘭と顔玉賜の兄弟に受け継がれ、二人は台湾の台中に渡った。この二人が後に台湾における顔家の始まりとなる。

一八一四年になると兄弟は台中から北に移住し、一八四〇年代に顔玉蘭の息子顔斗猛と顔玉賜の息子顔斗博が北部、九份の土地を買った。

一八六六年、現在の九份近くの鰈魚坑という場所に瓦屋根の住居を建て、そこに福隆居と呼ばれる石碑を作り、「渡臺始祖」（「台湾に渡り、ここより始まる」と言う意味）の四文字を彫り込む。この石碑はいまでも残っており、見ることができる。

顔斗猛は農業をしながら炭鉱でも働いた。一八九〇年、顔斗猛の息子である顔正春の時代に、基隆河で偶然大量の砂金が発見され、顔正春は九份近くの上流で採金をおこなって顔家の財産を大きく増やした。

『臺灣列紳小傳（台湾紳士録）』の顔正春の部分には、

「正春偶採砂金、獲巨利、蓋天授也」（正春は砂金を偶然に見つけ、巨万の富を得た。それも天からの賜物）

と書かれている。このときから顔家のサクセス・ストーリーが始まることになる。

■二、三代の鉱山王

【顔雲年】

顔斗猛には正選、尋芳、正春の三人の息子がいた。顔尋芳の次男として生まれたのが顔雲年であり、台湾の鉱山王・顔家の基礎を築いた人物だ。

顔雲年は幼い頃より優秀で将来を嘱望されたが、一八九五年（明治二十八年）から日本の台湾統治が始まると同時に科挙制度が廃止され、清朝の官僚制度での立身出世の夢を砕かれた。

日本統治の開始直後、各地では土匪による反乱が起きて社会は混乱していた。顔正春は近隣地区をまとめる庄長となっていたので、日本の憲兵隊で地元の守備隊長をしていた村野という人物から「即刻参衛」するよう要請される。

そこでおじの顔正春にかわって出頭したのが当時弱冠二十二歳の顔雲年であった。

顔雲年は日本語こそ解さなかったが、村野隊長は彼と筆談で意見交換をするうちに彼の博識と頭の回転の良さに感激し、顔雲年に地元民と日本人との調整役を任す。

一方、九份の地に金が眠っていることに目を付けた日本政府は一八九六年九月、日本人のみに採掘権を与え、台湾人の採掘権を認めない「臺灣鑛業規則」を公布した。

そして明治期の関西財界の重鎮であった藤田伝三郎が「合名會社藤田組」を作り、九份を含めた瑞芳という地区全体の採掘権を得て経営を始める。その頃には、聡明な顔雲年は独学で日本語を習得しており、藤田側の通訳を任されていた。

ちなみに、藤田組は現在の藤田観光の前身であり、藤田伝三郎の大阪本邸は現在の太閤園、東京別邸は椿山荘、箱根別邸は箱根小涌園に名前を変えている。藤田組は台湾人を鉱夫として雇って採掘させたが、日本人が利益を独占するやり方は台湾人の反発を招き、鉱夫の間では掘った金を自分の懐に入れる悪習が横行していた。経営困難に陥った藤田組は採掘権を台湾人に貸し出すことにした。

すでに通訳として藤田組の信用を得ていた顔雲年は千載一遇のビジネスチャンスだと思い、おじの顔正春にかけあった。

「如欲自家中、提出八百圓、則今後須放棄分家産此一權利……」(今後一切の財産分与権利を放棄しますので、どうか八百円を下さい)

顔正春は保守的な性格の持ち主だったため、その申し出を拒絶するが、諦めない顔雲年は知人、友人を説得して五百円をかき集め、自分の蓄えを足して基隆河流域の一部分の採掘権を得る。さらに、一八九九年、顔雲年二十五歳のとき、台湾全土で抗日運動が盛んになり、九份もその影響を受けたため、藤田組はさらに多くの区域を台湾人の顔雲年に請け負わせていった。

一九〇三年、顔雲年は自分の会社「雲泉商會」を立ち上げ、物資や鉱夫の提供、運輸業を手がけた。一方で、藤田組が経営する金鉱は台湾人労働者とのトラブルが頻発するなどで生産量を徐々に減らし、ついに一九一四年、日本円にして三十万円の七年契約で顔雲年に金鉱の全経営権を譲り渡した。

顔雲年は藤田組の独占的な経営が失敗の原因だと判断し、基本的に採掘権を鉱夫に貸し出す経営方式をとった。鉱夫のやる気を刺激したのである。すると、「廃坑」に近いと見なされていた九份から再び金が多量に採掘され始め、一九一七年に金の産出量は最高となり、二万一千四十三両を記録。まさにゴールドラッシュで、多くの人々が移り住んだ。九份一帯の繁栄ぶりは「小香港」（リトルホンコン）と呼ばれるほどになる。

この間、一九一二年（大正元年）に藤田伝三郎は亡くなり、一九一八年、顏雲年四十四歳のときに、藤田組は正式に経営から撤退することを表明し、顏家へ継承されることが決まった。長く藤田組を助けてきた顏家に対し、藤田伝三郎の長男藤田平太郎は感謝の意を込め、四十万円という破格の好条件で瑞芳全体の鉱山の権利を明け渡したのだ。

顏雲年は金鉱のほか、炭坑採掘もおこない、日本の三井財閥や経済人の木村久太郎らと協力関係を築いて水産業、鉄道、信託、製糖、倉庫、工業、船舶、林業にも事業を広げていった。台湾ナンバーワンの鉱山王となり、自らの会社を「臺陽鑛業株式會社」に改称した。顏家が名実共に最も充実していた時期だ。しかし、さらに発展しようという一九二三年、チフスに罹患して四十九歳の若さで亡くなってしまった。

【顏國年】

兄・雲年の死後、後を継いだのが弟の顏國年だった。顏國年も事業を順調に拡大した。顏國年は見聞を広げるため、一九二四年には中国大陸に赴き、視察をおこなった。その翌年には、台湾人として初めて、アメリカ・ヨーロッパに渡った人物となる。香港、シンガポールなど十六カ国に立ち寄り、計二百二十一日間におよぶ長期旅行の内容は、帰国後『最近歐美旅行記』という旅行記として出版された。

事業は順調だったが、顔國年も一九三七年（昭和十二年）、糖尿病のため、五十二歳で亡くなる。

【顔欽賢】

三代目の鉱山王となったのは、顔雲年の長男の顔欽賢。私の祖父にあたる人だ。一九〇二年（明治三十五年）生まれで、幼少期より台湾の「本土」であった日本に留学した。私の父の顔恵民が誕生した一九二八年に立命館大学を卒業。その翌年台湾に戻り、顔雲年と三井の出資で作った「基隆炭鑛株式會社」に入って経営を学んだ。

一九四一年に太平洋戦争が勃発すると国際的に金の取引が中断されてしまい、その価値は鉄屑同然となってしまう。顔家の運命に暗い影が差したのはこのときからだ。一九四三年には日本政府が鉱山での作業停止を命じ、鉱山設備の一切が軍部に徴用されてしまった。

一九四五年の日本の降伏で台湾は当時の中華民国政府に接収された。九份の鉱山も同時に中華民国政府の管理下に入った。しかし、顔欽賢は九份鉱山の再起を試み、設備を復旧させる努力を惜しまなかった。一九四六年には中華民国憲法を制定するための台湾代表として南京に赴き、憲法制定会議に参加するなど、政界にも積極的に進出していた。

しかし、一九四七年に起きた民衆蜂起事件の二・二八事件で、中華民国政府に対して台湾の代表として和解を求める折衝役を買って出たため、弾圧が始まると「首謀犯」の三十名の一人として指名手配され、長期間の逃亡・潜伏を強いられたのである。

時代の変化には抗えない。金の自由売買禁止令やエネルギー事情の変化で、金、石炭の需要は減り、顔家は一九七一年（昭和四十六年）十二月正式に閉山を決定。その後は関連会社の経営を中心に事業を営んで現在に至っている。

「偉大な祖父」、顔欽賢のことは、私の記憶にも残っている。

小柄で父と同じように髪の毛がなかった。眼光は鋭く、いつも大きな声（日本語と台湾語）で何かを話していた。笑ったり、怒ったり、父より表情は豊かだったが、どこか近づきがたい緊張感がみなぎっていた。

そんな緊張感が週に一度だけ、緩むときがあったことを覚えている。

当時の祖父は連日仕事の宴席に出席し、休日も財界活動に忙しく、ほぼ毎日夜は外食だった。もともと美食家の祖父は酒量も多く、贅沢病ともいわれていた「腎不全」と「糖尿病」を患った。

当時の台湾には透析機器がなく、祖父専用の機器を台北の大学病院に海外から輸入させ、定期的に治療を受けていた。

透析が終わると、体調がスッキリし、食欲も出るためか、好物の寿司などを食べて帰ってくるので、優しい笑顔になり、機嫌も良かったのである。

亡くなる直前まで、病気に関係なく好きなものを食べ続けた。仕事以外の楽しみは食べることだったのだろう。それでも八十一歳まで生きたのだから幸福な人だった。

祖母のこともときどき思い浮かぶ。

いつも部屋着で室内にこもっていた祖母は、台北・士林の名家「郭家」のお嬢様。子供の頃は日本から要人が来たときの歓迎の辞を読み上げる総代になるほど学校一の才女で、しかも、とんでもない美女だった。祖父が目をつけ、求婚したという。

生涯で十二人の子供を生み、育て上げた。小柄で細く物静かな女性だったが、内に秘めた強さを持ち合わせていたように思う。

父と結婚した母に対し、祖母が台湾から何通もの手紙を送ってくれた。

私が生まれた後にもらった手紙が手元にあるが、

「一日も早く三人おそろいでこちらにつれて来て貰って、皆さんと一緒に暮らせる日を首を長くして待っています」

と達筆な字で書かれ、「かしこ」と結ばれていた。私を含めていまどきの日本人にも書けないちゃんとした手紙で、読んでいて恥しくなってくるほどだ。

私は冗談交じりに、台湾のおば（父の姉）に尋ねたことがあった。

「本当にみんな同じおばあちゃんが生んだ子供なの？」

すると、おばからこんな答えが返ってきた。

「台湾では、アメリカと同じように会社の宴会には夫人同伴で出席することが多いのだけれども、おばあちゃんはそういった会が苦手で、出たくなかったのよ。妊娠していれば出席しなくて良くなるから、いつも妊娠していたの」

なるほど。祖母もある意味でとても強い意志の持ち主だったのだろう。

顔家については、いろいろと聞かされてきた。

「台北から基隆まではすべて顔家の土地」

「顔家の家の敷地内には駅が二つある」

「顔家の庭に終わりはない」

実際はそこまでのものではないが、当時顔家が基隆に持っていた邸宅「陋園《ロウユワン》」には巨大な日本式庭園があり、日本統治時代、台湾三大庭園の一つに数えられていた。残っている写真を見ると、確かに広大な敷地であったには違いない。総面積六万坪あまりの土地には洋館と日本式の家があり、渡り廊下で繋がっていたらしい。父が住んでいた洋館の通用門から玄関までの距離は一キロ以上あったという。

庭園は台北や基隆の小学生たちが遠足の場所として使い、昭和天皇が台湾視察に来たときは宿泊場所に指定された。残念ながら、庭園と建物は戦争中の空襲で焼けてしまい、日本が降伏して台湾を去った後は中華民国政府に接収され、現在は「中正公園」などになっている。ただ、顔家の所有地もまだ一部残っており、そこには先祖代々の霊が祭られている「顔家奉安塔」という祠がある。

顔雲年、顔國年、顔欽賢、そして父の遺骨の一部も納められ、毎年八月十九日は塔を開き、顔家一族が集って先祖を祭ってきた。しかし、ここ数年は外国に移住する子孫も多くなり、集まる人数も毎年減っている。私自身も二回くらいしか参加した記憶がない。

展示を通し、顔家のルーツや繁栄ぶりを垣間見ることができたが、正直、私にとっては教科書の中の出来事のようなものだ。しかし、父には現実にのしかかってくるプレッシャーであり、三代続いた鉱山王の跡取りであるという事実だった。事業は三代目で駄目になるとよく言われるが、実際、鉱山王として三代目であった祖父の時代に鉱山事業の斜陽は始まっていた。四代目である父は事業の方向転換を迫られた中、どれほどその重圧に対し、苦悩してきたのか想像もつかない。

もし私が男として生まれていたら、顔家の五代目として父の跡を継がなければならない立場になっていた。小さい頃、母親から「良かったわ、あなたが男の子じゃなくて」

と言われていたことを覚えている。そうなると日本で役者や歯医者の仕事をすることは許されず、跡取りとして台湾で暮らしていたはずである。私はどんな行動を取っていただろうか。頭の中で自分へのそんな問いかけを考えながら、南投の「台湾五大家族特展」の会場を後にした。

台湾に住んでいたとき、よく母と一緒に二階にある広東料理の店で飲茶を食べに来ていた懐しい台北の国賓大飯店のロビー。父を知る人々と待ち合わせていた。

全身から日本人のような雰囲気を漂わせた二人の好々爺、駱文森さんと林海泉さんが近づいてきて、「こんにちは。恵民さんのお嬢さんの妙さんですね」と流暢な日本語で話しかけられた。

日本語がとても上手で、どう見ても「日本人」の二人は、かつて父と同時期に「台陽公司」で働いていた社員であり、当時の父についての思い出をとても懐かしそうに語って下さった。

祖父の顔欽賢が社長であった一九七〇年から二人は顔家の会社で働き始めていたので、顔家の歴史にとても詳しかった。中でも話に引き込まれたのが、一九四七年の二・二八事件についてのことだ。

先にも触れたが、二・二八事件とは、国民党政権の政策に不満を持った台湾人の抗議運動が弾圧され、大量の犠牲者を生んだ台湾の悲劇的な事件だ。大勢の無実の台湾人が投獄・処刑され、顔家のように日本統治時代からの有力者の家族も含まれていた。国民党高官の中には、有力者から金銭や利権を奪い取るために、その家族を狙い撃ちにして捕まえたケースもあったらしい。

当時祖父の顔欽賢は基隆に君臨する顔家の当主であり、日本降伏後も台湾社会においてかなりの影響力と名声を持っていた人物だった。

二・二八事件が起きた後、国民党政権と和解のための折衝をおこなう「処理委員会」の基隆地区の代表者も務めた。当初、国民党政権は処理委員会との話し合いに応じる姿勢を見せていたが、大陸から鎮圧のための部隊が入ってくると態度を一転させ、処理委員会の関係者は反乱分子だと見なして逮捕を始めた。そのため祖父は慌てて身を隠す破目になった。

駱さんによると、当時高校生だった父の三番目の弟の顔恵卿は、外出が危険であることを知らずに街を歩いていたとき、警察に捕まった。恵卿が欽賢の息子だとわかった国民党は顔家から金を取ろうとした。祖父は逃亡中だったが、祖母がなんとかお金を工面して警察に届け、恵卿は釈放され命からがら助かったという。しばらくすると情勢も落ち着き、警察は指名手配を解除して祖父の逃亡生活も終わった。

父が日本から台湾に引き揚げたのは一九四七年の五月。二・二八事件が起きたその瞬間、父はまだ日本にいた。そして、国民党政権による弾圧が始まり、恐怖で台湾全土が覆われた頃、父は台湾に帰国したことになる。

　学習院高等科を辞め、台湾に帰国するときの父の様子が追悼集に残されていた。見送りに来た友人の一人によると、父は東京駅から台湾行きの船が出る九州に向かう特別列車に乗り込んだ。夜の特急つばめ号の展望車内は「戦勝国」となった故郷に帰っていく台湾人がみんな興奮状態で異様な雰囲気に包まれていた。ところが父だけはむしろ、しらけた感じというか、冷静な態度だったという。

　また、京都大学に進学した別の友人は、特別列車に乗った父に会うために京都駅に行き、父に強引に請われて神戸駅まで一時間ほど同乗したのだった。この友人の文章にはこう書かれている。


〈列車の全ての席は彼の同胞で埋め尽くされていて、乗り込んだ私達二人に対して一斉に一種異様な眼差しが注がれ、中には明らかな敵意すら感じさせる多くの視線に晒されながら列車は動き出す。隣席にいた彼の弟の態度にすら何か迷惑そうな隔意が表れていた。悲しいことに、太平洋戦終結の日を境として、連合国国民にとって日本人は敵性国の国民と見なされていたのである。（中略）彼独りは泰然自若として隔意の全く感じられない表情を保ち、時に笑い声すら立てながら、多くの仲間達と共に過ごした日々の思

い出を懐かしそうに語り続けた。〉

台湾行きの「特別列車」は、父にとってまさに特別なものだった。二度と日本に戻れないかもしれない。二度と友だちと会えないかもしれない。そんな寂しい思いを押し殺し、最後まで日本人として友人に接した父は立派だったと思う。

そうやって帰国した父が最初に目撃したのが二・二八事件だった。その衝撃は、想像を絶する大きさだったのではないか。

私は思想犯の多くが送り込まれた牢獄がある緑島でみかけた景色を思い浮かべ、ぞっとした。おびただしい数の犠牲者の名前が壁一面に刻み込まれた白色テロの「人権記念碑」にもしかしたら祖父や父の名前が加わる可能性もあったのだ。

父は、育った日本で大好きだった友だちと無理矢理別れさせられ、「日本人」から「中国人」に身分を変えて台湾に戻った。新たに中国人として台湾で生きていこうと思った矢先、父が目撃したのは、中国大陸から渡ってきた「中国人」による台湾住民への弾圧だった。国家、政治、人間……あらゆることに父は失望したはずである。

その後、父は日本に密航し、母と結婚。そして台湾に戻り、家業を継ぐことを決心して、顔家の会社で働いた。その父の仕事ぶりについて、

「お父さんは、部下に優しく、決断力もあった人だった」

とお二人は最後に笑顔で語ってくれた。

私の中の父のイメージはいつも家にいて、寝間着に身を包み、右手に煙草、左手にお酒。仕事をしている姿をまったく想像できなかったが、確かに父は働いていたことがわかり、少しほっとした。

父は十二人きょうだいであり、一番下の弟とは二十歳以上年の差がある。その上、幼い頃から家族と離れて日本で暮らしていたため、弟たちのほとんどが父のことをよく知らない。すぐ下の弟・恵忠さんは一緒に日本に留学していたが、クーデターの件で敵対する立場になったため、残念ながら連絡が取りづらい関係になってしまった。肉親で、台湾の父の記憶を持つ人はいないのだろうか。

そう考えたとき、あることを思い出した。

父が母と結婚し台湾に戻り家業を継いだ一九七〇年から一九八〇年代、父はいつも週末になると母と妹と私を連れて誰かの家にご飯を食べに行っていた。そこは一体誰の家で、誰と会っていたのだろうか。

答えは箱の中の写真にあった。

台北郊外の家の広間で私と妹と従兄弟が一緒に「チャンバラごっこ」をしている一枚の写真から記憶が戻ってきた。

私たち姉妹から「ネコのおじちゃん」と呼ばれていたおじさんがいた。台湾にいたとき、たまたま飼っていた緑亀が死に、セキセイインコも逃げてしまったことがあった。私と妹で「ネコを飼いたい！」とおねだりしたら、立派なペルシャ猫をプレゼントしてくれたからだ。

父のいとこ・顔恵霖さんだ。恵霖さんは顔欽賢の弟の息子に生まれ、父と一歳違いの年齢が一番近いいとこだ。

台北郊外の高級住宅街である陽明山に、ビバリーヒルズにあるような家を持っていた。台北市内を見渡せる斜面に建つ三階建ての立派な一軒家で、玄関横には大きなシベリアンハスキーやボクサー犬が飼われていた。中に入ると、中国のお金持ちが好むような大理石と透かし彫りが施された家具が並んで、その奥には中華料理屋さんに置いてある回転テーブルがあって、裏からコックさんがいつも美味しそうな出来立ての中華料理を運んできてくれた。

屋外プールや吹き抜けのシャンデリア、そして奥さんの趣味であった蘭の花が無数に置いてあった温室もあり、私と妹、そしてそこにいた子供たちと一緒にその広い屋敷内を縦横無尽に走り回り、最後は疲れ果てて早く帰ろうとせがんでいたことも思い出した。

そのお屋敷で撮ったのが「チャンバラごっこ」の写真だった。

生活の拠点が日本に移ってからは行かなくなり、いつかはっきり知らないが、恵霖さんは陽明山の家から台北市内に引っ越し、さらにアメリカに移住したことを人づてに聞いた。

住む場所が変わっても、恵霖さんは父が病気になった大変なときに、わざわざ日本にお見舞いに来てくれ、父が亡くなった後には、母と私と妹の三人をアメリカのビバリーヒルズに住んでいる娘さんの家に招待し、グランド・キャニオンやラスベガスにも連れて行ってくれた。母はいつもこの旅行が一番楽しかったと話していた。

父の命日には欠かさず「墓前に民ちゃんの好きなお酒と煙草を供えてください」と手紙を送ってくれた。

父のことを理解するには、アメリカに行くべきだという直感に命じられ、二泊三日の強行日程でチケットを手配した。サンフランシスコの空港には、恵霖さんの娘・サンディの夫のジョージが迎えに来てくれた。ジョージはいわゆるＡＢＣ（American born Chinese, 米国生まれの華人）だ。東京と違って空気が乾燥している。どこまでも真っ青な空の下、ビッグサイズの四駆に乗り込み、サンフランシスコ湾を渡った。

サンディの家で、恵霖さんと奥さんが待っていた。父について最も核心部分を知っているであろう人との対面に興奮して、時差や疲れはまったく感じなかった。

恵霖さんは、身長は百八十センチ近くあり、体型もガッシリとしていて、存在感は相変わらずだった。

昔と同じように、大きく、張りのある声で、

「妙ちゃん、よく来てくれたね」

と言ってくれた。その声を聞いて、心がふっと軽くなるのを感じた。

「久しぶりに日本語をたくさん話すので、うまく話せないかもしれないよ」

そう言いながら、恵霖さんは約二時間にわたってたっぷりと、父のこと、台湾のこと、そして顔家のことを教えてくれた。

「恵民さんは大好きな人だ。ものを言わなくても通じる、生涯で一番の友だちだ」

と開口一番に言い切った。

父が日本で共に過ごしてきた友人たちは誰もがみんな口を揃えて、「ガンテキは日本人以上に日本人であった」と表現していた。台湾の顔家という名家に生まれ、日本人として学習院に通っていた少年。終戦を境に、台湾人となり、負けた側の人間が一夜にして勝った側の人間になってしまう。戦前と戦後に百八十度転換されてしまった価値観は、当時青年であった父に深刻な衝撃を与えたに違いない。

そんな父は、近くにいた台湾人の目から、どう見えたのかが知りたかった。

恵霖さんはこう言った。

「恵民は日本の人なんだ。台湾の生活、政治、経済、親戚にことごとく合わない人。台湾で言葉（北京語）が通じないし、兄弟との関係もそんなに良くない。そんな人が台湾

に帰ってきても、公の部分で会社にとっても、個人の部分で彼にとっても、良くなかった。彼を苦しめただけだった」

父は四十二歳のときに母と結婚し、家庭を持ち、なんとか台湾で家業を継いで頑張ろうと心に決めて日本から台湾に戻った。しかし、私の祖父・顔欽賢は徹底した長男主義の持ち主で、父に過大な期待と重圧をかけた。

恵霖さんによると、父のお酒の飲み方がその頃から劇的に変わったそうだ。美味しく飲むお酒ではなく、何かから逃げたい、何かを忘れたい、そのために飲むお酒になり、身を滅ぼすような飲み方になっていった。実際、何度も急性アルコール中毒で病院に搬送されたことがあったという。

そんな四面楚歌の精神状態に追い込まれた父が唯一、心を開き、安心して付き合うことができた相手が、恵霖さんだったのだろう。

二人の共通語は日本語。ウィスキーを一本ずつ持ちながら、手酌で注ぎ足し、夜通し話し合った。そこに会社の話は一切持ち込まなかったそうだ。

どんな話をしていたのですかと聞くと、

「酒飲みに、話の中身を聞くのは、聞くだけヤボというもんですよ！」

と茶目っ気たっぷりに笑った。山のこと、スキーのこと、日本のこと、お天気のこと、子供のこと、食べ物のこと、ときには女性のことも話したのだろうか。

そんなたわいもない会話が、父の心を癒したに違いない。

二・二八事件が起きたとき、恵霖さんは台湾南部の台南にいて大学生だったが、この事件から大きな精神的ショックを受けたという。

「戦争が終わって台湾人は日本の植民地から離れ、ようやく祖国に戻った。我が祖国の勝利だと思い、中国大陸からやって来た国民党を出迎えたが、大陸からやって来た国民党は台湾を占領に来たのだった。そのギャップがあまりにも大きかったため、失望も大き過ぎた」

たまたま里帰りしていた恵霖さんは、基隆港に着いた国民党を手を振って迎えたが、船の上から機銃掃射される光景を目の当たりにした。

奥さんも、お父さんが警察に捕まり、いくつもの刑務所をたらい回しにされ、そのたびに巨額の「お礼」をむしり取られた経験があることを話してくれた。

中国では辛亥革命後も戦乱に巻き込まれる時期が長く続き、十分な教育を受けないまま、軍人として国民党と一緒に台湾に連れてこられた人々も多かった。そのふるまいを見て、野蛮だと感じる台湾人も少なくなかった。戦前の台湾は日本の一部として義務教育が定着しており、学校では日本式の道徳教育を叩き込まれていた。中国大陸の中国人と台湾人との間に、人間形成において大きな違いが生じていたことが根底にはあったのだと思う。

台湾人たちが求めていたことは反乱ではなく、生活の改善や政権の腐敗、兵士たちの乱暴なふるまいをあらためてほしいというレベルのものだったが、国民党政権は「日本に毒された行為」と解釈し、台湾人たちの不満や要求を力づくで抑え込む方法をとった。国民党に批判的な言動を取ったり、日本かぶれだとみなされたりした人は次々と逮捕され、いつの間にか殺されてしまう異常な事態が台湾に起きた。二・二八事件をきっかけに殺された台湾人の数は約三万人に達するとも言われる。

台湾の人が苦しむ姿を、日本から戻ってきたばかりの父は目の当たりにした。

「恵民さんはね、これが政治か、これが人生かと、本当に深い精神的な打撃を受けてしまったんだよ」

恵霖さんは悲しそうに言った。

そして、台湾に戻ってからわずか二年後の一九四九年十一月。父は台湾から漁船に乗り、密航して日本に戻ったのである。密航については、台湾で顔恵民を知る人ならば全員が知っていることだったらしい。しかし、実際、誰が、どのように手引きしてくれたかまでは恵霖さんも知らなかった。

二・二八事件の後、台湾では戒厳令が敷かれ、一九八七年に解除されるまで続いた。私が台湾で育った一九七〇年代の十一年間もこの戒厳令下にあったことになる。「戒厳令」という文字からするとなんだか恐ろしいイメージを覚えるが、いまの日本にいるのと変わらない普通の生活を送っていた記憶しか残っていない。

もちろん子供の私が理解できる部分は限られていたのだろう。大人の目で社会を見ることができる年齢だったら、当然違っていたはずである。

日本が台湾統治を始める前は、台湾は中国の清朝が支配する土地だった。その後はいったん日本の植民地となり、次に中国人が再び、支配者となった。台湾は常に誰かに支配され、支配者が変わるたびに揺れ動き、翻弄されてきた。

そんな過酷な運命に巻き込まれた人生を送らざるを得なかった父のことを思うと、私の心はなんとも言えない切なさに包まれる。ときどき部屋にこもりきりになってしまうなど、父が精神的にもろい部分を抱えていたこともいまならば理解できる。

台湾での父の一面を知り、私は少しだけ父の心の中を覗いた気がして、父の苦しむ姿がリアルに目に浮かぶようになった。日本の敗戦にショックを受け、台湾の変化に戸惑い、家族から離れてしまった心の傷は、父の精神を深くむしばみ、部屋に閉じ込もることでしか制御できない闇を生んだのだ。

一晩泊まった翌朝、母のことを聞いてみた。

長男主義で期待をかけられていた父が、日本人の妻を連れて台湾に戻ったときはどういう反応だったのかと。

「かづ枝さんとの結婚を反対する声はないけれども、賛成はしてないでしょ。心の中で。

ことに恵民さんは長男の長男だから」

と答えてくれた。

やはり昔の名家となると、息子、娘はそれ相応の家柄の相手と結婚し、さらにビジネスチャンスを広げている婚姻が多い。父の弟たちが結婚した相手も有力者のお嬢さん揃いである。最近では、父のすぐ下の弟の次女が、台湾の首相に相当する呉敦義・行政院長（当時）の三男と結婚し、結婚式には馬英九総統も出席した。五大家族の顔家の末裔の娘と権力者の息子の結婚ということで、ワイドショーでも「財力と権力の婚姻」だと取り上げられた。

そんなところに嫁いだ母の苦労はやはり並大抵のものではなかったはずだ。恵霖さんは母のことを、「実に健気で、最後までガンを告知しないことを守り通したお母さんは偉いよ」と言い、父に恨まれてしまって本当にかわいそうだったと涙を流して下さった。

わずか二日間のアメリカ滞在はあっと言う間に終わり、初日に見た青空とサンフランシスコ湾を除けば、アメリカに来たことを実感できないまま帰路についた。

恵霖さんは帰りがけに私を大きな手で抱きしめてくれ、「幸せになりなさい」、奥さんは「また必ず会いましょう」とそれぞれ言葉をかけてくれた。

涙が溢れ出てきて止まらなくなった。

恵霖さんはかつて熱海に別荘を持っていたほど日本が好きだった。奥さんは日本舞踊の名取を取るほど台湾と日本を足繁く往来し、多くの日本人の友人との交流を楽しんでいた。

英語を話すこともできないのに、わざわざ七十歳を超えてから、東京、台湾から離れたアメリカで余生を送ることを決心したのには、実はある「事件」が関係していた。

恵霖さんは台湾で建設業を営んで実業家として成功を収め、早い時期に長男に社長の椅子を渡した。息子もその期待に応えようと事業を拡大させたが、どこかに無理があったのか、ちょっとしたトラブルが起きた。それがきっかけで外部の人間につけ込まれて借金を背負わされ、あっという間にすべてを失うことになってしまったのだ。

息子の失敗により、恵霖さんたちも台湾にいられなくなり、一人の友人もいないアメリカにひっそりと渡ったのである。

姿を消したのがあまりにも突然のことだったので、台湾にいる親戚の間では、「死亡説」まで出るほどの噂になった。アメリカに渡ってからの約十年、一体どんな気持ちで毎日を過ごしてきたのだろうか。

そのことに触れるべきか迷っていると、恵霖さんは私の気持ちを見透かしたように、

「どんなことがあっても自分の息子です。恨むわけがないですよ」

とつぶやいた。

父と同じ長男として生まれた恵霖さん。その恵霖さんが自分の長男に事業を託し、そ

の結果がうまくいかなくても、すべてを受け入れるという家族の覚悟を感じた。

いただいた言葉どおり、「幸せ」になることが一番の恩返しだと思った。

いままできちんと言えなかった心からの「ありがとうございました」を伝えると、再び涙が溢れ出てきた。

祖国の台湾は父にとって、あまり良い場所ではなかったかもしれない。それでもこんなに父を理解してくれていた人が確かにいたことを知って本当に嬉しく思い、緊張が緩んだのか帰りの機内ではあっという間に眠りに落ちてしまった。

父が亡くなってから二十六年経つが、いままで父の夢など一度も見たこともなかったのに、このとき初めてはっきりと父が夢に現れた。声も、まぎれもなく父のものだった。なんという偶然であろうか。それとも、本当に父の魂が夢に現れたのか。

夢の中で、父は子供の私に話しかけきた。

父は亡くなったときと同じ五十代ぐらい。顔ははっきりと覚えているが、格好や服装などは白いもやがかかっているような感じで、よく思い出せない。

笑顔でもなく、悲しそうでもなく、怒っているわけでもない。

いつもの父の表情だった。

場所は……よくわからない。私はどこかの部屋の布団の上で眠っていた。不思議なことに私は小さい頃からずっとベッドで寝ていて、布団で寝る生活をしたことがない。

眠っていた私がふと目を覚ますと、目の前に父がいた。私は体を横たえて仰向きだった。父は上から私の顔を覗きこんでいた。

等々力の家に暮らしていたとき、父は夜遅くに外出から戻ってくると、階段を上がって必ず私の部屋にやってきた。眠っている私をゆすって起こし、「帰ってきたよ」と話しかけてくれた。私は眠いので適当に相づちを打ちながら、ぼうっと父を見ていた。

夢の中の父の様子は、眠っている私を覗き込む昔の父そのままだった。

私から話しかけた。

「パパおかえり」

父は言った。

「ただいま」

私はほとんど反射的に「ママには？」と尋ねた。

父と母が口をきかなくなっていたことが頭にあったので、そう聞いたのだろう。

父は無表情で言った。

「ママには内緒だよ」

私は聞き返した。

「いつまで」

「天国に行くまでだよ」

私は、父と母に仲直りしてほしかった。

「なんで、なんで、なんで言わないの」

私は、繰り返し、父に向かって聞いた。声をしぼりだすように。

父は何も言わず、私から、ゆっくりと遠ざかっていった。

私は眠っていたので、追いかけることはできず、消えて行く父の姿を見送ることしかできなかった。

夢の中で私は泣いていた。悲しかった。

目が覚めると、顔が涙で濡れていた。

消灯している機内は暗かった。

父の懐かしい声を聞いて涙が出たのかもしれない。でもそれだけではなかった。

この世を去る前に一度は仲直りしていたはずだったが、結局父はまだ母を許してなかったように思えた。あれだけ頑張った母をなぜ許してあげないのかと思うと、寂しくなり、悔しくなった。悲しみが心を覆い、涙が止まらなくなった。

日本、台湾、アメリカで、父について私は実に様々なことを知った。そこには私の知らない幼少期から青年期にかけての父の青春、苦悩、思いがあり、理解できることもあれば、時代背景があまりにも違うので想像しようがないこともあった。

しかし、晩年の写真から笑顔が消えてしまった顔恵民という人は、私の心の中でもまだ無表情のままだった。父の笑顔は、どれも山登りやスキーをしているときのものだ。父はなぜ、山とスキーの前で、あんなすてきな笑顔になれたのだろうか。

父と私をスキーに結びつける人がいる。

父は亡くなる直前、母と私たち姉妹を初めてスキーに連れて行ってくれた。そこで私たち姉妹にスキーを教えて下さった、福岡孝純さんだ。

孝純さんは、「五箇条の御誓文」の起草など、明治維新前後の政局で数々の功績を残した福岡孝弟（福岡藤次）の曾孫にあたる。父親は日本スキー界の創設者の一人である福岡孝行氏。父は、孝行氏に師事してスキーを教わり、一緒にアルプスの山を滑った。孝行氏の暮らす辻堂の家に、父は二、三十代のとき入り浸っていた。

当時は子供なので知らなかったが、凄い方にスキーを教わったものである。

連絡を取ると、孝純さんは電話口で、

「ガンさんがいつも来ていた辻堂の家はそのままいまでもあるから、ぜひお出掛けにいらっしゃい」

と誘って下さった。

福岡邸は、樹齢百年を越える立派な松の木があり、庭の奥に都心では見かけない茅葺き屋根の立派な古民家が建っていた。京都の高級老舗旅館のような雰囲気が漂う玄関。家の中は外気の熱が一切遮断され、空気がひんやりしていて気持ち良かった。

孝純さんにお会いした瞬間、「白馬でのスキー」の記憶がよみがえった。初心者の私と妹に、優しい中にも厳しさを込めながら、スキーを教えて下さった方だ！

父と山の出会いは一九四四年八月。まだ十六歳だった父。学習院の奥日光光徳小屋でおこなわれた山岳部の合宿に初参加した。「光徳小屋」は学習院が所有する山小屋で、周囲には白樺が林立し、清冽な静けさをたたえている。父はオアシスを見つけたのか、この合宿以来、山の虜になった。

スキーに触れたのは台湾に引き揚げる前の雪山だったが、密航して日本に戻った一九四九年の年末には新潟県関温泉であったスキー合宿に参加し、父がスキーにのめり込むきっかけとなった。関温泉の合宿所は「笹屋」という温泉旅館が使われた。「笹屋」の帳場は勘定場ではなく、お客様のたまり場となっていた。炭をいけた炉があり、そのまわりにスキー好きの山男が腰を下ろし、酒をくみかわしたという。

いつしか父は「笹屋」の炉端の中心人物となり、毎年のように雪の季節になると旅館「笹屋」に滞在した。「笹屋」の従業員はスキーシーズンの打ち上げとして、高田城址でお花見をするが、スキー客の中でシーズン開始から花見の打ち上げまで長逗留したのは「笹屋」の長い歴史の中でも、父ぐらいしかいなかったという。

雪山で一年の三分の一を過ごす父。

台湾から戻り、何をどうして良いのかわからなくなってしまった父の本質を見抜き、無言で温かく迎えてくれた山男たちと過ごす時間に、父は深い安らぎを感じた。だから笑顔が自然と戻ってきたのだろう。

父が孝純さんに私と妹のスキーの面倒を見てくれるよう頼んだとき、私は父がどうして一緒にスキーを滑らないのか理解していなかった。

泊まった宿で毎晩酒盛りをしていた父を見て、正直、父は本当のところスキーは滑れないのでは、と思ったりもした。

しかし、実は違っていた。このとき、父は体力が落ち過ぎていて、ちょっと滑っただけで息切れして苦しくてどうしようもなくなっていたのだ。

「ガンさんはストックにもたれかかって、彫像のようにじっと身じろぎもせず、愛するお嬢さんたちの滑りに見入っていた」

孝純さんは教えて下さった。

家族に一番好きな雪山を見せたかった父は、ゴンドラでスキー場に登り、私たちの滑りを見守ってくれていたのだ。

父とスキーを繋ぐものがわかってきた。後は「山」が残っている。

母の死後、私は家族のアルバムを開くと、どうしても感傷的になり過ぎてしまうので、アルバムを開かなくなっていた。

でも、アルバムの中にならば、足りない何かが探し出せる気がして、およそ二十年ぶりに、勇気を振り絞って、自宅の本棚の一番高いところに置いてあったアルバムを下ろし、開いてみることにした。

五十冊はあろうか。表紙のほとんどに、父の字でていねいに日付とタイトルが書き込まれている。

私が生まれたときの写真。七五三。ひな祭り。祖母のお葬式。小学校入学。運動会。妹の誕生。文化祭。アメリカ旅行。父の誕生日。学芸会。お正月。母の誕生日。文化祭。祖父のお葬式。成人式。

一枚一枚のなんてことない写真から、私の記憶が少しずつ呼びさまされてきた。

当時感じた楽しさ、悲しさ、緊張、嬉しさ、幸福、失望。それだけではなく、空気のにおい、食べ物の味、体の疲れ、興奮した気持ちなど、忘れていたと思っていた記憶は、私の中にちゃんと存在していた。

父の写真にも父の気持ちが存在しているはずだ。

父の写真を一枚一枚めくりながら、私は心の中で問いかけていた。

「パパ、一体何を感じていたの？　何を伝えたかったの？」と。

表紙に「日光　一九八四・七・二三〜二五」と書かれた一冊のアルバムがあった。父が母と無言の対決をしていた時期だ。

日光は父が亡くなる前の年に最後の力を振り絞り、私と妹を連れて行った夏の旅先。父は自ら撮った写真をきっちりとアルバムにまとめてくれていた。

黒色の表紙のアルバムには、東武日光駅前での写真から始まり、中禅寺湖、日光金谷ホテル、光徳牧場、学習院光徳小屋、戦場ヶ原、竜頭滝、中禅寺金谷ホテルなど、三人で訪ねた場所で撮りためた写真がびっしりと貼られている。

父の追悼集の中で、気になる箇所がふと頭をよぎる。

〈ガンテキは十六歳の一九四四年の八月、奥日光光徳小屋での山岳部合宿で最初に山と出会う。実際には戦時下のため、中禅寺湖畔で道路の整備や炭焼きを手伝う勤労奉仕をおこない、その作業を終えてから光徳小屋に集まった。〉

〈奥さんのかづ枝さんによると、ガンテキは死んだら自分の骨は奥白根の山頂近くに撒いてほしいと言っていたそうだ。〉

日光、奥白根。父は「日光」に対して、何か特別な思いを抱いていたに違いない。

当時、私はただの観光旅行だと思っていたが、父は、自分の「生」を象徴する特別な場所に、私たち娘を連れて行ってくれていた。

もう一度、父と歩いた場所をたどれば、父の思いに近づくことができるかもしれない。そんな期待を持って、日光に向かった。

父が「骨を撒いてほしい」と思っていた奥日光の白根山に登るつもりだった。白根山は標高二五七八メートル。関東地方の最高峰であり、山登りは素人である私にはハードルが高い気もしたが、登らないと、先に進めない。そんな気持ちだった。

幸い、登山日の天候は快晴。朝七時半、白根山の登山口に到着した。登り慣れていそうなクライマーたちを横目に、迷子にならないようゆっくりと登っていった。

最初は広い平坦な道が続き、森林浴でもしている気分になったが、一時間もすると、徐々に足下が岩場に変わり、勾配がきつくなった。息も上がってきた。

一面の原生林で山の頂きなどまったく見えず、道を間違えてないか不安にもなった。道ばたに生えているかわいいキノコにちょっと慰められた。途中で、こんなに苦労して登っても、父の気持ちはわからないのではないかと不安がよぎる。

登り始めて約二時間半後、中間点にあたる「弥陀ヶ池」に到着。目線を上に向けると、彼方に白根山の山頂が見えた。標識には山頂まで一・一キロメートルと書かれていた。

道行く登山の方に「ここまできたら後少しですよ」と励まされた。怖じ気づいていることが顔に出ていたのだろうか。

活火山でもある白根山の山頂にたどり着くには、石や岩が堆積して非常に登りにくい急斜面が続く。先ほどまでいた「弥陀ヶ池」がどんどん小さくなり、頂上に近づいた。登り始めてから約四時間後、白根山頂に到着した。

富士山のような広がりのある場所を想像していたが、白根山の山頂は人一人立つことが精一杯の狭さだった。

父は、こんな場所で散骨するなんて不可能なことを知っていたのだろう。だから「山頂近くに」と書き残したに違いない。的確な指示を出していた父は本気だったのだ。

山頂近くの岩場に腰を下ろし、持ってきたおにぎりを食べながら周囲を見渡した。静寂の中に時折聞こえる風の音。めまぐるしく形を変える雲。鼻から喉奥に清涼感を運んでくれる空気の味。

父が愛した景色がいまここにある。

ふだんの生活の中で感じていた窮屈さがどこかに消えていく。

ただそこに居るだけの幸せ。

ただそこに居るだけの充実感。

ただそこに居るだけの存在意義。

単純な思考回路に戻っていく。

雲に隠れていることが多い白根山で、この日は青空の快晴。父が雲を追い払ってくれたのではと、山頂近くの奥白根神社で、持ってきた父の手紙を取り出し、手を合わせた。父の遺骨は置いてこられなかったが、手紙の切れ端を、簡素な祠だけの神社の石詰みにそっと挟み込んだ。

パパ、大好きな日光、大好きな白根山だよ。これで良かったんだよね。

下山ルートも弥陀ヶ池に戻り、入山した菅沼登山口に向かうことにする。途中にある五色沼の岸に腰掛けていると、鹿の親子に出会った。心の余裕が出たのか、さまざまな思いが駆け巡り、心臓の鼓動が速くなった。

水面の色は深緑からエメラルドグリーン、黄緑とグラデーションが美しく、静まり返っていた。

青い空に雲、グリーンの山に湖、咲き乱れている黄色のマルバダケブキ、鹿たちの群れ……。自然に囲まれたこの空間で、父は青年時代、日本人として無邪気に心から楽しみながら登山していたはずだ。

終戦後、父が台湾人として再びこの地に戻って来たとき、変わってしまった自分と自分を取り囲む環境への失望を抱えながら、変わらない自然の景色によって心の中だけでも時計の針を元に戻そうとしていたのではないだろうか。

ひとときでも自分の原点に戻れる景色に、父は自分を同化させたかったのだと、確信した。


約八時間の登山を無事終え、翌日、学習院の「光徳小屋」に向かった。白樺の林の間に続く砂利道を歩いているといつしか道が開け、その先に小屋が見えてきた。

父は一九四五年の終戦から台湾に引き揚げるまでの一年半余りの間に、この「光徳小屋」に十回も訪れた記録が残っている。台湾から日本に戻った後も、死が訪れると知ったときにも来ていた。最後には私と妹を連れて訪ね、一緒にカメラに収まった。そこに写っている父は、病にやつれて骨と皮だけの棒のような体になっており、ひどく老いて見える。そんなになっても、私たちを連れて来てくれたと思うと、あまりに不器用で頑固な生き方に対し、無性に悲しくなってくる。

車の音など一切聞こえない、外界から切り離された場所に、その小屋はひっそりと佇んでいる。いまの「光徳小屋」は建て替えによって昔のものとは多少違っているが、林、水の流れ、鳥のさえずりに変わりはなく、心を落ち着かせる静けさがあった。

白樺の木を眺めていると、父が東京の家の庭に植えた白樺の木と重なっていく。父は、この風景の一隅を切り取って東京に持って行きたかったのだろう。

父の気持ちを感じ取った瞬間、小屋の前に立ったまま、しばらく動けなくなった。

名家の長男として生まれた父。

幼少期には日本人として日本で育ち、そのまま時間が過ぎていくと思っていたが、青年期になって、日本の敗戦によって一瞬にして戦勝国と敗戦国、台湾人と日本人に線引きされ、物事に対する判断基準を見失った。

再び日本に戻り、悩み続けた後、結婚を機にすべてをリセットし、前に進もうと決心したが、病魔に襲われた中年期。

そのすべてに、日光の景色は立ち会ってきた。

日光で、顔恵民という人間が、確かに生きていたことを実感した。そして、父の命が私に繋がり、受け継がれていることも。


日本人、台湾人、酒、長男、戦争、二・二八、名家、顔寓、大人《たいじん》、スキー、雪山、日光

こうした単語が、新たに私の中に入ってきて、父の笑顔は自然なものとして私の中ですんなりと受け入れられるものになった。

そして、晩年の父が、

「妙ちゃん、やっとわかってくれたんだね」

と笑っている顔が思い浮かんだ。

耳を澄ますと、父の周囲にいた人々の「ガンテキのところにいこうよ」という声が聞こえてくる。いまなら、私も、その輪に加わることができる。

従新思識自己（新しい自分を見つける）
従失望到盼望（失望から期待へ）
従絶望到希望（絶望から希望へ）
従過去到未来（過去から未来へ）

台湾妙《たいわんたえ》

―あとがきにかえて―

相聚離開都会来到　（出会いと別れは必ず訪れる）
路的両旁都充満了愛　（どちらに行っても愛情は溢れている）
発見我心已経痊癒　（私の心はもう癒された）
現在我已跨出一歩　（いま私は一歩を踏み出した）

二〇〇九年十月、新しい家が建った。

こだわりにこだわって、知り合いにあこがれの建築士を紹介してもらい、設計だけで二年もかけた末に完成した二階建ての家。

二階の天井は高さが五メートルあるので、無駄に広く感じてしまうときがある。

屋根裏がないからそのぶん高いのだが、真夏は蒸し風呂のように暑くなる。空間が大きいので、いくら冷房しても冷えない。屋根裏の空気層があるから、家は夏の外気の熱さから守られるのだということを実感した。なるほど、どの住宅も似た構造になっているのには、それなりの理由が存在するのである。

屋根に樋《とい》があるのはスタイリッシュではないからと、樋を隠すようなデザインにした。その結果、雨が降ると雨粒が屋根から滝のように流れ落ちる。他の家はどうということはなくても、私の家にいると集中豪雨にあったように思える。

ベランダに柵がつくのはダサイと思ってポールだけを据えた。一つ間違えばそのまま二階から一階まで一直線に落下する。人からは自殺したいのかとあきれられた。

トイレとバスの仕切りはホテル風にガラス張りにし、お風呂はロールスクリーンを下げないと外から丸見えになってしまう。

フローリングは無垢材を使い、床暖房も入れた。無垢材は乾燥に弱いから保証できないと建築士からも建築会社からも忠告されたが、それでもかまわないと押し通したら、案の上、乾燥のためにヒビが入り始め、隙間にゴミが入り込むとなかなか取れなくて困っている。

ものを持たない生活にしようと思い、収納スペースをできるだけ少なくしたら、結局すべては納まりきらず、行き場を失った荷物が家中に散乱している。

ホテルのような暗さが落ち着くと思い、全体の照明の数を減らしたら、暗過ぎてパソコンを使ったり、事務作業をしたりするときは目が疲れる。

汚れが目立たないようにと外壁の色を一面の黒に決めたら、羊羹みたいな家だねと言われた。それでも人に家までの道を説明するときには役立っている。

初めて建てた家はこんな風に理想と現実のギャップがたくさんある。しかし、それでも私は、そんな我が家が大好きだ。ここにいると、心が落ち着く。

この家は、父と母と妹と私の四人で生活してきた一軒家があった場所に建てた。まず一軒家を壊し、土地を妹と半分ずつに分けた。

横には、まだ空き地の妹の敷地がある。

その一角に、前の家の玄関にあった松の木が植えてある。モミジの木と、父の大好きだった梅の木も残っている。ここに妹はどんな家を建てるのだろうか。

コンクリート打ちっ放しの美術館のような家だろうか。

地下三階まである要塞のようなスタジオだろうか。

古民家風の木造の家かもしれない。

カラフルな楳図かずおの「まことちゃんハウス」のような家だったらどうしよう。

星新一のショートショートが好きな私は、そんな勝手な空想を膨らませている。

「箱子」があった前の家を壊してしまったら、すべてなくなってしまわないかと心配していたが、実はそんなことにはならなかった。
空気のにおいも土のにおいも、家族四人がいたときと変わっていない。
自転車の補助輪を外す練習のため摑まった欄干のヒンヤリとした感触。
誤って鳴らしてしまった警報器の音。
セーラー服を着ていた私と妹。
誕生会を開いた九月。
犬のパピーが掘った庭の穴。
もぎとったザクロの酸っぱい味。
ダンゴムシとミミズを探した夏。
いつまでも残っていた庭隅の雪。
湯豆腐をつつきながらテレビを見ていた家族の笑い声。
庭のプールの生温い水のにおい。
ベランダからシャボン玉を吹いて見上げた空の青さ。
裸足で芝生を踏みしめた足裏のチクチクした感触。
息を吸い込めば、すぐにあのときに戻れる。
私の記憶は「箱子」によって呼び起こされた。

その記憶に導かれるように「故郷」の台湾に足を運んだ。

日本で、台湾で、米国で、父と母の道をたどり直した。

その中で、たくさんのものを見て、たくさんの資料を読み、たくさんの人と会った。

亡くなった父のイメージは「優しいパパ」ではあったけれど、同時に複雑な思いも残っていた。

無理にお酒を飲んで体を壊した人。

部屋にこもったきり出てこなくなるという奇怪な行動を取った人。

一年中寝間着を着ていた人。

口をきくことをかたくなに拒み、母をずっと思い悩ませ、悲しませた人。

名家に生まれながら、世をすねたおぼっちゃま。

煙草ばかり吸っていた煙臭い人。

正直なところ、尊敬できる父親とは思うことができないでいた。

父は、病気で亡くなる前に母と私と妹宛てに遺書を残したことはすでに書いたが、実はそれ以前にも一度、遺書を書いたことがあった。「自殺」のためだった。

この本の執筆作業がほぼ一段落し、「箱子」から取り出したものを中に戻していたとき、ふと手がとまった。

手紙の束から、切手も貼っていなければ、住所も書かれていない二通のエアメールが出てきた。いままで見落としていたものだった。

表書きも中身も、青い万年筆のインクに、いつもの父の文字。

「父上様、母上様」宛ての一通は、こう始まる。

父上様　母上様　　三月十七日　先立つ不幸をおゆるし下さい
小生はどうしようもない人間です。
まともな家庭も築き上げられず、まともな社会人として行動出来ませんでした。
小生の意志が弱いからです。

まるで、太宰治の小説『人間失格』のような文章の書き出しである。

その後に続くのは、長男としてきちんと家業を継げないことに対する謝罪、兄として弟、妹たちに迷惑をかけたことへの謝罪、そして母と生まれた私が「一番の被害者」であり、祖父母に対し、今後のことを配慮してほしいというお願いが、二枚の便箋にわたって書き綴られていた。

目に飛び込んできた文字と頭の中での思考回路が繋がるのに時間を要した。

「遺書」のようだとはわかったが、「自殺」のための遺書だとはなかなか呑み込めなかった。

なぜ父が。

なぜ自殺。

なぜ、なぜ、なぜ、なぜ……。

頭の中が「なぜ」で一杯になった。

「かづ枝様」宛てのもう一通は、便箋一枚に短く六行だけ書かれていた。

かづ枝さま
今更、いうことはありません。
よく耐えてくれました。
小生は結婚する資格のない男でした。
本当によく耐えてくれました。
妙を頼みます。

三月十七日

母への遺書を読むと、今度は腹立たしさがふつふつと心の中でわいてきて、これ以上読んでいたくなくなり、封筒に便箋を戻した。

父は、母と私を捨てて勝手に死のうとしていた。

祖父母宛ての遺書をもう一度取り出して読んでみた。

そこにはこう書かれている。


家庭の面からいへば、一昨年、かづ枝と一緒になってからも本人には形容出来ない程精神的、肉体的の苦労をかけさせました。


遺書には「月」と「日」だけで「年」は記されていなかったが、この文面から、遺書は私がまだ一歳六カ月のとき、つまり一九七二年頃に書かれたものだと推測できた。その頃の私は父のことを認識していたのだろうか。何の記憶も残っていない。

母と結婚し、私が生まれて間もないときに、父はなぜ死のうとしたのだろうか。

家族を得ても、父の心は癒されなかったのか。

父についてのイメージがあっという間に「ダメな父」になりかけた。

しかし、よく考えてみれば、このとき父が本当に命を断っていたならば、少なくとも妹はこの世に誕生していなかった。父はどうにか踏みとどまったのだろう。

父と母が、この遺書を捨てずに残しておいたのは、苦悩を共に乗り越えてきたことを確認するためだったのかもしれない。そう考えると、不思議と怒りの感情は鎮まった。母が亡くなった四十代に私もさしかかっている。この年齢になったから、理解し、受け入れられることもある。

父は人生について、人一倍正直に、そして、真面目に考えていた。母や私に対する父としての責任も、顔家の長男としての責任も、強すぎるほど感じていた。だから、何もできない自分をどうしても許せずに、命を絶とうと思ったのではないか。

そう思い、父を許してあげることにした。

自殺を考えるほど弱い人だった父。しかし、友人たちが追悼集などで父について語っているイメージはまったく正反対のものである。

「大人《たいじん》の風格がある」「哲学者のような人」「賢人」「力強い人」「舌を巻く博識」「座談の名人」「そばにいるだけで落ち着く人」「温厚」「好漢」「温和」

生前父を知っていた人たちは誰もが私に会うと「ガンテキの娘さん」と懐かしみ、父のことを嬉しそうに、懐かしそうに、いくらでも語って下さった。

亡くなって三十年近くが過ぎているのに、これほど慕われている父の人となりが私の目の前に浮かび上がってきた。

父の同級生の一人からはこうも言われた。

「同級生だけでなく、ガンテキを慕い、ガンテキの信者だった後輩もたくさんいるよ。もし何か知りたかったら、そのような人と会うと、必ず喜んでガンテキの話をしてくれるよ」

時代に翻弄され、悲劇に巻き込まれ、自分を見失ってしまった父。日本から見放され、台湾からも見放され、虚無感で一杯になり、自分がよって立つ価値観を失ってしまった父。

それでも、他人には弱音や愚痴をこぼさずにたった一人で自分の内面と闘い続けた父。そして、そんな父を無言で受け入れてくれた先輩、同級生たち。

父自身も、周囲の人々の話に黙って耳を傾けることで、自分の失われた心、寂しさを満たしていたのだろう。

はっきりとわかったのは、父は関係したすべての人に確実に影響を与え、いまでも消えないほど強い印象を残してきたということだ。

父と同じ時間を共有していた人たちと会い、そのことがわかっただけで、父の娘であることが誇らしく思えるようになり、父への尊敬の念もわいてきた。

一方、母については、少し心配が残っていた。

思い返せば、台湾での生活も、父の闘病も、母はいつも耐えてきたように思えた。母は楽しかったのだろうか。母は私たち家族と一緒にいて嬉しかったのだろうか。妹の成人を見届ける前にこの世を去り、無念ではなかったのだろうか。私から見ても綺麗でチャーミングな人だったので、また恋をして、再婚もできただろう。自分の第二の人生を謳歌して欲しかった。

母と娘の三人で温泉旅行やエステ、食べ歩きがしたかった。母に仕事のこと、人生のこと、恋のことなどを相談したかった。母のことを思うと切なくなる気持ちばかりが先行してしまう。

でも、箱の中から出てきた父から母への手紙を見つけ、私の気持ちは少し救われた。

かづ枝が二十二歳の時だったかな、銀座で会ったのは。翌年かな、北海道は。定山渓でかづ枝は良く笑いながら、ころころ転げ回ったよ。日光金谷ホテルの紅葉、京都川瀬での舞子さんとのモンキーダンス。台湾旅行、一人で良く来たな。

母にも、たくさん父との思い出があったに違いない。父が病気になった後に訪れた日光は、母との思い出の地でもあったのだ。

　この本を書き上げる少し前、母の高校時代の同級生で親友の吉田和子さんにお会いする機会があった。

　母の人柄について、

「群れるのが嫌いでさばさばした性格ね。高校時代、音楽やお芝居が好きでいつも元気で明るい人気者だったのよ。とってももてたわよ！」

　と教えて下さった。

　私と妹の母になる前の母。白黒写真の母を見ると、自分がそこに写っているのかと思ってしまうほど私とよく似ている。いや、私が似ているのか。

　母は、私や妹をよくミュージカルに連れていき、音楽もよく聴いていた。

　妹は母の音楽への思いを、私は母の芝居への思いを、それぞれ受け継いでいる。

　私は父のように、死んでからも確実に人の心のどこかに残る人になれるのだろうか。

　私は母のように、強くしなやかに生きることができるのだろうか。

小学校の成績表「もう少し落ち着きましょう」

中学校の成績表「地に足をつけましょう」

そんな風に書かれた私はいまどのように成長したのだろうか。

いまの私を、両親はどう見ていてくれているだろうか。

その答えは永遠に見つからない。でも、追悼集で父が好きだったという蘇軾の漢詩の一句を見つけたとき、少し父の言いたかったことがわかった気がした。

人生無別離　誰知恩愛重（別れを知らずして　人の恩と愛を知ることはできない）

父と母を知ろうとする今回の作業を通して、背後にこんなにも両親を愛し、そして私たち姉妹を応援してくれている人、見守ってくれている人がいることに気がつくことができた。

だから、父と母に一歩近づけたのかもしれない。

二〇一〇年十月三十一日。成田―桃園に加え、羽田―松山（台北）間の路線が就航開始となり、「三十一年ぶりの復活」と報じられた。父が生きていた時代は羽田―松山を使うことのほうが多かった。私にとっては就航開始というより、就航再開だ。羽田も松山も市内から近く、本当に便利になった。

空港の距離と同様に、台湾と日本の距離は歴史的に近づいたり離れたりしてきた。

私にとっても台湾という存在は一度は離れてしまったが、いま、台湾との関係が「再開」しつつあるのは、不思議な偶然と言うべきだろうか。台湾に近づく一青妙。略して「台湾妙《たいわんたえ》」。一人で自分をそんな風に呼んで楽しんでいる。

日本と台湾。不思議な関係の二つの土地。別々でありながら、目に見えないところでボーダーレスでしっかり繋がっている。でも、どういう風に繋がっているのか、どういう関係なのか、言葉にすることはとっても難しい。

台湾は、本当に複雑な歴史を歩んできた。

台湾にはもともと東南アジアから島づたいに渡ってきた先住民族の人々が暮らしてきた。十七世紀頃から中国南部の漢民族の移民が本格化し、台湾の人口の多数を占めるようになった。その漢民族も福建系と客家系に分かれて、土地をめぐって争いも起きたという。いまも台湾では福建系、客家系、先住民それぞれが独自の文化をそれなりにしっかりと残しているので、地域ごとに特色があり、食文化もバラエティに富んでいる。

九州ほどの大きさしかない台湾には、さまざまな文化がぎっしり詰まっている。私は数年前に一度、台湾の全土をぐるりと海岸線に沿って一周する「環島旅行」をおこなったことがあるが、どの土地に行っても新発見があって、退屈しない「文化の宝箱」のような楽しい場所だ。

それに加えて、二十世紀前半に日本が台湾を五十年間統治したことは、台湾社会にとても大きな影響を残した。日本語教育を受けた世代を中心に、いまでも多くの方々が日本語を母国語のように操り、NHKの衛星放送で連続ドラマ小説や大河ドラマ、年末の紅白歌合戦を見ることを楽しみにしているのだ。これらの人々は一九四五年まで「日本人」として育ち、台湾が中華民国になった後も「日本語族」として生きてきた。もし父が生きていたら、間違いなくそうした「日本語族」の一人になっていただろう。

一方、終戦と同時に台湾から日本に戻った日本人の中にも、実は両親や片方の親が台湾人で、ふだんは日本の名前を使っているが、台湾人の名前もちゃんと持っていて、台湾に行ったときなどは台湾名を名乗っている人も多い。

私のように日本人であり台湾人でもある人がいて、日本と台湾との間を、まるで同じ敷地にある母屋と離れのように行き来しながら生きている人がけっこういるのである。

二〇一一年三月に起きた日本の大地震に対して、台湾からの義援金が世界で最もたくさん贈られたという話を聞いた多くの日本人は「なんで台湾の人が」と疑問を持ったに違いない。でも、いまの私にはなんとなくわかる。台湾人にとって日本人の不幸は「他人事」だとは思えないほど、両者の関係は近いのである。

今回、父と母を知るために人に会い、旅に出掛け、考えてきた。顔家は日本抜きには発展することはなかったし、その没落も、日本の敗戦の結果だった。一方、母が父と結婚したおかげで、いまは一青の姓を継いでいる私も妹も、台湾とは切っても切り離せない関係になっている。

ちょっと大げさかもしれないが、私たち四人の家族は、とっても複雑でややこしいけれど、心と心でしっかりと繋がっている日本と台湾の関係を象徴している。

それが、私の結論の一つでもある。

豪宅、白痴、外遇、植牙、劈腿、揺滾、辣妹、粉絲、氷沙、章魚丸

（豪邸、バカ、不倫、インプラント、二股、ロックンロール、色っぽい女性、ファン、スムージー、たこ焼き）

新しく、そして近くなった台湾には子供時代には聞いたことがなかった中国語がたくさんあった。

「箱子」の蓋はあけたまま、これから私と台湾を繋ぐものを一つずつ増やし、箱の中身を増やしていく旅を、私はこれからもこつこつ、ゆっくり続けていきたい。

家の解体で突然目の前に現れた小さな「箱子」。

そこから、記憶の断片を一つずつ拾い集めていく作業が始まった。あっという間のよ

うでもあり、とてつもなく長い時間がかかったような気もする。

紆余曲折はあったけれども、家という大きな「箱子」の中に確かに私たち家族はいて、台湾人の顔恵民は父として、日本人の一青かづ枝は母として、彼らがこの世に送り出した二人の娘を心から愛し、命がけで守り、一生懸命に育ててくれた。

たくさんの手紙や思い出、時を超えたメッセージが詰まった「箱子」は小さいながらも、両親が私と妹に残してくれた最後の、そして最高の贈り物だった。


この本が、私たち家族を知る方々の目に触れ、その方々が父、母を再度懐かしんでくれたら嬉しい。

私たち家族を知らない方々が読み、すてきな両親を持った家族だと感じてくれたらもっと嬉しい。

十の家族があれば、十の形があるように、四人家族の我が家は父が早くに亡くなり、母も後を追うように私と妹を置いて去っていった。その前は、日本と台湾を往復する生活を送り、いびつな形ながらも、それぞれが一生懸命に生きてきた。

嫌なこと、悲しいこと、つらいこともたくさんあったが、家族との思い出があるからこそ乗り越えることができ、いまも楽しく、生きていて嬉しいと感じられる。

父と母の娘に生まれてきて本当に良かった。

箱の外の私

——文庫版あとがき——

文庫化を前に、『私の箱子』を改めて読み直した。本の最初のところで、私はこう書いている。


みぞれまじりのぼた雪が降っていた。

二〇〇九年一月のある日。

この日が、「我的家《ウォダジャー》」(私の家)の命日となった。

家族の思い出が詰まった家を建て替えたあの日から十一年が経った。

新しい家との付き合いも長くなった。外壁の汚れ、給湯器の不具合、ウッドデッキの劣化など、それなりに「小毛病」——ちょっとした不具合が出始めている。私も、最近は、ちょぼちょぼと生え始めた白髪を抜くことに苦労している。

家も人も、平等に、歳を取る。

もちろん記憶力も衰えている気がするが、十一年前に、家を壊す時に見つけた赤い和紙が貼られていたあの箱を開けた瞬間のことは、ストップモーションのように寸分違わず思い出すことができる。

日記、写真、レシピ本、手紙……。父と母、そして家族の記憶と記録が次々と箱の中から現れた。それらを一つずつ手にとりながら、私は懐かしくて笑い出したり、悲しくて涙したり、情けなくて怒り出したりと、すっかり箱の中の世界にのめり込んだ。この本の内容は、一から十まで全て、あの箱の中にあったものだ。私は、いなくなってしまった家族と会うことができる箱の中に、考える間もなく、引き込まれたのだった。

その次に、頭の中を満たした感情を、表現したいという欲求が生じた。箱の中身に導かれるように、文章を書き始めた。初めての本だった。完成するか全く自信はなかった。出版しても誰か読んでくれるのか、まったく想像がつかなかった。ひとりだけの持久走を始めたような気持ちだった。

本は、予想を超えて多くの人に読んでいただき、映画化や舞台化もされるという幸福な結果をもたらした。それでも、自分が書いたという実感はどこか乏しい。たぶん箱の中身に助けられて勢いで書いた作品だったからだ。

この本が出たあと、私は箱の中から這い出してみたものの、別の問題を抱えることになった。箱が教えてくれた話の多くは、父と母の人生の断片だったので、完全にすべてのパズルが埋まったわけではなかった。

父と母はなぜ出会ったのか。父はどうやって日本に密航したのか。父親の実家である顔家はどうして戦後の荒波に巻き込まれて没落したのか。ウイルスが広がるように、疑問が疑問を呼ぶ、という状況に陥ってしまった。次は「箱の外」にいる私が、自分の力で疑問を解いていく番になった、と覚悟を決めた。

まずは父と祖父の関係を整理しないといけない。

顔家は、日本統治時代、台湾有数の名家として知られてきた。当時の当主であった祖父について、私はあまりいい印象がない。父と祖父はとても仲が悪かったと、周囲の大人たちから聞かされていたからだ。父も、祖父について家の中の会話で触れることもほとんどしてこなかった。

一九四七年に台湾で起きた民衆蜂起とそれに続く弾圧は、発生した日にちなんで二・二八事件と呼ばれる。三万人以上の犠牲者を出したと言われる戦後最大の悲劇だ。名士であった祖父は、支配者の国民党に民衆との和解を求める折衝役を買って出た。ところが、国民党は手のひらを返すように祖父を指名手配犯に仕立て上げた。

国民党が嫌いで父は台湾から日本に逃げ出したはずだった。そうであるなら、国民党から酷い目にあった祖父と立場は同じではないか。どうして助け合わないで、憎み合うほど仲が悪くなってしまったのだろうか。

調べてみると、指名手配をどうにか切り抜けたあと、祖父は国民党政権と手打ちをし、一族の広大な土地などを差し出していたことがわかった。きっと望まなかったに違いない謝罪文も書かされていた。その結果、顔家の事業は大きく縮小したものの、かろうじて守られた。祖父だけでなく、親戚で逮捕や指名手配を受けた人たちもいた。彼らも一種の人質になったのだろう。

理不尽なことをやっている相手と表向き仲良くしている祖父に対して、若くて理想を持っていた父は反発したのではなかっただろうか。祖父も頑固だったので、父にあえて詳しくは説明しなかったかもしれない。二人の溝は、あそこまで深くなるべきではなかったが、時代が二人を引き裂いたのだ。

まずは祖父の指名手配という不名誉を雪《すす》がないといけない。幸い、台湾では二・二八事件の被害者に国家が賠償を行う制度がある。私は、当時の公文書や記録などを取り寄せ、漢字だらけの起訴状と睨めっこしながら、二・二八事件の被害者家族として、賠償金申請を行い、事件から六十八年の時を経た二〇一五年、賠償が認められた。

これによって、祖父は政府の書類上も指名手配犯ではなく、被害者であることが認定された。賠償金額はわずかなものであるが、名誉回復が果たせたのは確かだ。自分で国家賠償を求め、それが実現してしまったことに正直、びっくりしてしまった。

「阿公（おじいちゃん）、良かったね」

受け取った国家賠償の書類を前に祖父の遺影に向かって献杯し、父にはこう伝えた。

「パパ、阿公をもう許してあげて。大変な時代だったんだよ」

二人は、娘（孫）の頑張りを少しは喜んでくれただろうか。


顔家のことを掘り下げていくうちに、父についても新しい事実が判明した。

「兄は確か台湾大学に入学したんだよ」

ある日、何気に父の弟との会話で出てきた話だった。父の大学歴は早稲田大学だとずっと信じてきた。しかし、確かに父には「空白の二年間」がある。

終戦と同時に、父は日本人から台湾人となった。

一九四七年、父は日本から台湾に引き揚げ、一九四九年に、今度は密航という形で日本に戻り、早稲田大学に入学している。一九四七年から一九四九年の二年の記録が、あの箱の中の資料では、すっぽりと抜け落ちていた。

父には、親族と仕事関連以外の友人は台湾に誰ひとりいない、と思い込んでいたが、同級生もいたはずである。

台湾大学のキャンパスを何往復もした。

「顔惠民さんという学生は在籍していません」

「そんなはずありません。必ず記録はあるはずです」

台湾大学の教務課でしつこく食い下がると、資料室の奥の方から父の在籍記録が見つかった。実に半世紀以上倉庫に眠っていた資料なわけで、大学の職員も珍しがった。

小さな穴が開けば、後に続くものが必ず見えてくる。父のクラスメイトが判明し、一人ずつしらみつぶしに訪ねたが、誰もが傘寿近くだ。会えたのはただ一人だった。

その人は、父と一緒に台湾一周の環島旅行に出かけたことを覚えていた。さらに、父の台湾大学時代の足取りから、特に親しかった二人が浮上した。探し当てたものの、残念ながらすでに亡くなっていたが、各々の娘たちと繋がった。

「私の父は政治犯として、十五年間緑島にいました」

「父は冤罪で逮捕、起訴されました」

彼女たちから驚くような話を聞かされた。父が台湾大学で過ごした時間は、想像を覆す波乱続きだった。

二・二八事件後の台湾には戒厳令が宣告されていた。一人は共産党に傾倒し、戦後初の学生弾圧事件の四六事件がきっかけで捕まった。もう一人は、一九六〇年代後半、勤務先の台湾地図を日本人研究者に渡したとして同僚から密告され、「偽造文書及び軍事機密漏洩罪」で数ケ月も尋問を受け、もう少しで命を落としかけたのだ。実際、地図を渡したという事実はなかった。

一九五〇年代から一九八〇年代前半の台湾では、反体制派とみなされた者はもちろんだが、何をしたのか身に覚えのない人々までもが、いわれのない理由で処罰を受けた。これを白色テロと呼び、父の友人たちも巻き込まれていた。

父の青春のひとコマは、虹のように彩り鮮やかではなかった。暗闇の象徴となる白黒写真しか撮れない、鬱々とした日々が流れていたのだ。

自分が生まれ育った祖国に戻り、新しい人生が開けると思った多くの台湾人が絶望の淵に立たされた。誰もが疑心暗鬼となり、人間不信に陥った。歓喜と自由の声ではなく、悲哀と抑圧の悲鳴が響くキャンパスは、考えただけで恐ろしい。

日本に行くしかない——すでに簡単には行き来できなくなった日本に、密航という危険を犯してまで、父が渡ることを決意したのは、台湾を見限った末の行動だったことがわかり、ずっと不思議だった「密航」という二文字が、胸にすとんと落ちた。

私が、日台間を歩いて次から次へと新たなことを発見する間に、悲しい出来事も起きた。本書に登場する父の知人たちが次々と物故したのだ。

二〇一五年夏、父が学習院中等科に入学して以来の親友であった「ヤス」こと犬養康彦さんが亡くなった。父の死後、母のことや私と妹のことを常に気にかけて下さっていた。母が亡くなってからも、発起人として、父の追悼集をまとめて下さった。私と妹のふたりきりとなっても、交流は続いていた。

戦前の大政治家・犬養毅、元法務大臣の犬養健らを輩出した名門・犬養家と父との間は、切っても切れない縁で結ばれていた。特に犬養康彦さんは、男女の仲だったら「運命の人」と呼べるほど、父の人生に欠かせない人物だ。

厳しい戦火が続く一九四五年五月末、父は空襲で住んでいた東京・市ヶ谷の家を焼け出されてしまった。ゆくあてのない父は、信濃町の犬養家にお世話になることになった。終戦となっていったん帰った台湾からまた密航で日本に舞い戻ったときも、犬養家の一員として迎え入れてもらい、再び一緒の時間を過ごした。

親元を離れ、遠く台湾からやってきた父にとって、日本の「家」は犬養家となり、日本での「家族」は犬養家の人々となっていたのだ。

犬養家には多才な人々がいた。犬養康彦さんの姉は評論家の犬養道子さん。犬養康彦さんの先妻には評論家の犬養智子さんがおり、その娘さんの犬養亜美さんもエッセイストだった。彼らは父を身内とみなし、アダナであった「ガンテキ」と呼んだ。

犬養康彦さんに続き、二〇一六年、犬養智子さんが亡くなった。彼女は著書の『楽しんで生きる』で、父のことをこんな風に描写している。

「ヤスの親友の台北出身の顔恵民は兄弟同様に戦後ずっと一緒に住んでいた」

「ガンとは顔恵民、本来はヤスの親友で、私の大事な友達ともなった台湾の名家の息子だ。彼は亡くなったが、顔家は今も大事な友達だ」

二〇一七年、今度は犬養智子さんを追うように、犬養亜美さんが亡くなった。いつも明るくて元気いっぱいだった亜美さん。父の話を伺った際には、昨日のことのように生き生きと教えて下さったことが印象に残っていた。まだお若いのに信じられない、という気持ちでいっぱいになった。

そして同年、犬養道子さんまで旅立っていった。完成した『私の箱子』を贈り、いちどまたお会いしましょう、と約束していたのが最後になった。もっと父のこと、犬養家のことを聞きたかったのに、叶わなくなってしまったことが悔やまれてならない。

犬養家の人々がどうしてこうも次々と……。

一方、アメリカに暮らしていた父のいとこの顔惠霖さんが二〇一九年に亡くなった。奥様も二〇一四年に先立っていた。血縁者の中でもっとも父が信頼し、心を許していた相手だ。お二人の墓地は、太平洋に面した緑溢れる丘の上にあった。葬儀の時、「両親が台湾と日本を眺めたいと言って、自分たちで探した場所です」と子供たちが話してくれた。遠く離れても、故郷や日本にいる父のことを思ってくれることに深く頭を下げた。

台湾では、二〇一六年に三女のおばが亡くなった。私が台湾に戻れば必ず連絡を入れ、一緒にご飯を食べた人だった。両親に先立たれた私と妹のことを最後まで心配してくれたが、まだ十分に恩返しができないままお別れとなってしまった。

父と同じ世代を生きた人たちが、相次いで人生の終焉を迎えているのは決して不思議なことではない。父が早くに逝きすぎたのである。彼らがいなくなってしまったことは残念でならないが、天国にいる父は嬉しがっているかもしれない。親しい人々が一人、また一人と父の元を訪れ、あの頃のように面白くお喋りをしたり、ご飯を食べ、お酒を飲んだりできるからだ。

アイデンティティーに悩み、孤独や寂しさが似合う父だった。人との関係を断ち切るように、自分の殻に閉じこもった父だった。それでも、父には実に多くの友人がいた。それも、日本、台湾の両方に。

父のことを憶え、理解していた人はごく一握りだと、勝手に決めつけていたが、行く先々で出会う人たちの心に、父は確かな痕跡を残してきた。

一つ知ることで、新しい謎が一つ増えていく。本当のところ、これまでの私は、過去を振り返ることが苦手だった。自分の気持ちを他人に伝えることはさらに苦手だった。ところが、この本を書くことで理解できたことがある。それは、人は記憶によって生かされているということだ。

母が亡くなった年齢を超え、父の亡くなった年齢に手が届きそうになっている。でも、まだまだ両親の元にいくまで時間はある。

興味のあることは尽きない。それまでは、思う存分あちこちを飛び回り、一つでも多くの謎解きができるよう、精進したい。
私も父と同じように、人の心の一隅に記憶を残す生き方ができるだろうか。本を書く時と同じだ――できないと思っても、きっとできる。そう信じたい。

愛《いと》しい友よ、いつかまた相会うことがあってくれ、
酌《く》み交《か》わす酒には俺を偲《しの》んでくれ。
俺のいた座にもし盃《さかずき》が巡って来たら、
地に傾けてその酒を俺に注《そそ》いでくれ。
『ルバイヤート』（岩波文庫、小川亮作訳）

最近わかったことだが、父は、ペルシアの詩人オマル・ハイヤームが書いた『ルバイヤート』をこよなく愛読していたらしい。現世の無常と来世の疑いを詠んだ四行詩だ。ルバイヤートに心奪われた父の心得を知るところから、次の謎解きが始まる。そうすることで、私はさらに「箱の外」へと高く飛び立つだろう。

解説

中江有里

何か書くときに、つい使うのが「事」。

いろんな事、これまでのこと、先生のコト……表記は違うが「事」（こと、コト）は、一言では表せない現象やまだ形として捉えられないものを仕舞う「箱」のようなもの。

仕分けるのに便利だから使っているだけじゃない。いずれ取り出すために、一旦箱に仕舞う。

読み手もこの「箱」には無数に何かが詰まっていると想像してくれる。そんな無言の約束のもとに「箱」は存在する。

『私の箱子』は著者の思い出を仕舞った「箱」そのもの――「箱」は中国語で「箱子」（シャンズ）と書く。

箱に「子」がつくと日本人の名前っぽく、シャンズという響きも愛らしい。愛らしい題名の「箱」に仕舞われていた家族の歴史は、父の故郷である台湾へと繋がっていた。

それを浅瀬の穏やかな海だと油断していると、突如としてあらわれる深みに足を取られる。人間の謎、国の謎、歴史の謎……謎めく「箱」の扉は著者の筆によって開かれる。

ところで本書には多くの「箱子」が登場する。

最初の「箱」は著者が暮らした家。家は家族の思い出が詰まった大きな箱。この家の解体から幕は開ける。

次に出てくる箱は、いきなり小さくなって遠藤周作の『沈黙』の本のケース（函）。ここが預金通帳や現金や印鑑などを仕舞う金庫がわりだったという。

そして母が残した「箱子」。

父から母、娘への手紙、へその緒、娘たちの描いた画……家族ならそれが何かわかる——そんなものが仕舞われている。

外観を見ただけで購入を決意した父がこの家で過ごしたのは、わずか一年ほどだったが、ここにある「箱」にはあらゆる家族の記憶が詰め込まれていた。

著者の一青妙さんは歯科医と女優、エッセイストの顔を持つ。人は誰しも自分だけの物語の主人公であるが、台湾人の父と日本人の母のもとに生まれ、幼少期を台湾で過ごし、台湾語、中国語、日本語の三つの言語を使い分けた著者の物語は「事実は小説より奇なり」という言葉がふさわしい。

（なんとなく他の人と自分が違うのではないかと感じ取っていた）

言葉にならない違和感を覚えた著者は幼くして、自身の中にフォルダ——つまり

「箱」を持っていた。

本書には大勢の人が登場する。特に父方の顔家の人々は、一度聞いたくらいじゃ憶えられない。著者は膨大な周囲の大人たちを「無」「回避」「無害」という自分のフォルダ――「箱」に振り分けた。そうしなければ混乱してあふれ出てしまう……これは著者の本能的な行動であり、書き手としての兆しでもあろう。

そうして仕舞い込んだ、人、記憶、思い……それらを箱からひとつひとつ取り出して、謎を丹念に読み解いていけるまでには年月が必要だった。

前半最大の謎と言えば、父による母への抵抗。子どもには到底理解が及ばない確執だ。母が父の病名を隠したことから、母の一切を受け入れなくなった父。著者と妹は、対立してしまった両親の「伝言係」となる。

母に裏切られたと思う父、父を守りたかった母……だけど愛はすれ違う。父に続いて、母が逝ってしまう。

著者と妹の窈さんのちょうど間の年齢であるわたしは、一青姉妹が若くして両親を失ったということは事前に知っていた。どれほど心細かっただろう、と想像したが、両親を失った心境については本書を開くまで、本当のところはわからなかった。

読んで著者の行き着いた境地に驚いた。

失うことは悲しいことだ。それは間違いない。でも一方で、失ってわかることもある。

それは命には限りがあること。

当たり前のことを人はなかなか直視できない。誰の命も平等に限りがある。著者が選んだ稀有な人生は、まぎれもなく両親の命から導かれたものだろう。

解体された家という「箱」から取り出された様々な記憶は、やがて父の故郷、台湾へと続く。

「顔家物語」「「顔萬」の主」の二編に綴られる台湾と日本の一時代、および顔家の歴史は、顔家の末裔である著者だからこそ記せた貴重な記録だ。それは同時に謎につつまれた父の人生を巡る追想でもある。

台湾五大財閥（台湾五大家族）は二〇一一年に「辛亥革命百周年」の記念イベントで展覧会を開かれるほどの名家であった。

十歳の父が日本に渡ったのは日本が台湾を統治していた時代。自分は日本人だと思い、日本への愛国心を抱いた青年に成長した。しかし日本の敗戦によって台湾へ引き上げる。この時、父は「日本人」でなくなった。

複雑に絡み合った父の思いを紐解くのは、学生時代の仲間が編んだ追悼文集。

実は最初に父の人生をまとめようと奔走したのは母だった。しかし病によって志は断たれる。その思いは父の同級生・犬養康彦氏によって引き継がれた。これだけで父がいかに良い仲間に恵まれていたかがわかる。

同時に父が周囲の人にどれほど愛されたか、驚きのエピソードもあり、個人の追悼文集として読まれるだけでは惜しいほどの内容に思えた。

本書は二つの国にまたがる一つの家庭のあり方、夫婦関係、その子どもとしての人生と感情を明らかにしながら、両親の残した手紙と著者の見た光景で見事に構成される。まるで自分がこの家の子どもかと錯覚するほど引きこまれた。

父の人生を追うことは、著者にとって自らのルーツを捜ることにもなる。

出会いと結びつき、そして死による別れ……添い遂げた夫婦には必ずあるものだが、著者のご両親の場合は、国という大河から伸びた支流が出合ったようなイメージが浮かんだ。

父の川と母の川は導かれるようにして合流し、二人から生まれた妙さんと窈さん姉妹もそれぞれの人生を辿っている最中だ。その流れは留まることがない。

その流れのひとつが本書となり、読者へと届けられた。


（なかえ・ゆり　女優、作家）

■章扉　写真説明（撮影及び複写・仙波 理）

私の箱子《シャンズ》
「箱子」と家族の手紙

台湾の〝野猫《イエマオ》〟
十歳の私、四歳の妹。一九八〇年台湾の自宅で

閉ざされた部屋
父の闘病期間に母がつけていた日記（右）
父と行った最初で最後のスキー旅行。一九八四年、白馬で（左）

母が逝く
結婚前、母が父に会いに行った台湾旅行。一九六九年

顔家物語
戦前に撮った顔家の家族写真（上）
戦前の顔家本宅（下）
＊いずれも台湾の国史館から提供

「顔寓」の主
酒と煙草をこよなく愛した父

二〇一一年講談社刊

沈黙博物館　小川洋子

「形見じゃ」老婆は言った。死の完結を阻止するために形見が盗まれる。死者が残した断片をめぐるやさしくスリリングな物語。（堀江敏幸）

星間商事株式会社社史編纂室　三浦しをん

二九歳「腐女子」川田幸代、社史編纂室所属。恋の行方も友情の行方も五里霧中。仲間と共に「同人誌」を武器に社の秘められた過去に挑む!?（金田淳子）

つむじ風食堂の夜　吉田篤弘

それは、笑いのこぼれる夜。——食堂は、十字路の角にぽつんとひとつ灯をともしていた。クラフト・エヴィング商會の物語作家による長篇小説。

通天閣　西加奈子

このしょーもない世の中に、救いようのない人生に、ちょっぴり暖かい灯を点す驚きと感動の物語。第24回織田作之助賞大賞受賞作。（津村記久子）

この話、続けてもいいですか。　西加奈子

ミッキーこと西加奈子の目を通すと世界はワクワク、ドキドキ輝く。いろんな人、出来事、体験がてんこ盛りの豪華エッセイ集!（中島たい子）

君は永遠にそいつらより若い　津村記久子

22歳処女。いや「女の童貞」と呼んでほしい——。日常の底に潜むうっすらとした悪意を独特の筆致で描く。第21回太宰治賞受賞作。（松浦理英子）

アレグリアとは仕事はできない　津村記久子

彼女はどうしようもない性悪だった。すぐ休み単純労働をバカにし男性社員に媚を売る。大型コピー機とミノベとの仁義なき戦い!（千野帽子）

まともな家の子供はいない　津村記久子

セキコには居場所がなかった。うちには父親がいる。うざい母親、テキトーな妹。まともな家なんてどこにもない!　中3女子、怒りの物語。（岩宮恵子）

こちらあみ子　今村夏子

あみ子の純粋な行動が周囲の人々を否応なく変えていく。第26回太宰治賞、第24回三島由紀夫賞受賞作。書き下ろし「チズさん」収録。（町田康／穂村弘）

さようなら、オレンジ　岩城けい

オーストラリアに流れ着いた難民サリマ。言葉も不自由な彼女が、新しい生活を切り拓いてゆく。第29回太宰治賞受賞・第150回芥川賞候補作。（小野正嗣）